# Révolution Y

Groupe Eyrolles
61, bd Saint-Germain
75240 Paris Cedex 05

www.editions-eyrolles.com

Rafik Smati

# Révolution Y

## La génération qui va redessiner l'Europe

EYROLLES

*À mon fils*

# Sommaire

# À toi, jeunesse d'Europe

Toi qui t'interroges avec appréhension sur l'avenir de cette société en perte de repères ; toi, plein de rêves et de projets, mais qui sais qu'il sera très difficile de les accomplir ; et toi qui auras à assumer un endettement abyssal légué par la génération de tes parents et de tes grands-parents…

Toi qui rêves de créer et d'entreprendre ; toi dont le parcours a été semé d'embûches, mais qui n'as pas renoncé à l'idée de faire quelque chose de ta vie ; et toi aussi enfant de l'immigration, qui as parfois le sentiment d'être écarté du chemin de la réussite dans ton propre pays, la France…

Toi qui ne crois plus que les hommes politiques ont les moyens de changer le monde ; toi qui penses qu'il est possible de redonner un sens au mot « pouvoir » ; toi qui n'acceptes plus les injustices engendrées par un système financier en bout de course ; et toi qui penses que l'Europe fut une belle idée mais qu'elle est désormais aussi inefficace qu'inaboutie…

Toi, enfant de Chine, de Tunisie, d'Espagne ou d'ailleurs, qui as compris que, pour la première fois dans l'histoire de l'homme, il existe une jeunesse du monde unique, qui aspire aux mêmes idéaux de paix, de partage, de développement…

Toi qui auras la responsabilité d'écrire l'histoire des cent prochaines années…

Voici ce que sera ta révolution.

# Chapitre 1

# Les révolutions

Le monde dans lequel tu grandis ne te ressemble pas. Les incohérences du système te sautent aux yeux. Les inégalités t'exaspèrent. Par quoi commencer ? Je ne veux pas dresser ici un inventaire de toutes les absurdités dans lesquelles nous baignons. Un livre, du reste, n'y suffirait pas. Mais tu sais bien ce à quoi je fais référence : la faim dans le monde, l'intolérance, les richesses mal réparties, la spéculation, l'absence de conscience écologique… et surtout l'apparent sentiment d'inaction et d'impuissance de nos dirigeants politiques face à ces grands défis qui n'ont jamais été aussi élevés. De cette frustration naît chez toi une envie d'agir, une envie de changement. Et probablement ton intuition te fait-elle pressentir que seule une révolution, à savoir un changement radical de notre mode de pensée, pourra désormais faire bouger des lignes qui semblent figées.

## Les opportunités manquées

Souviens-toi : c'était à la fin de la première décennie de ce millénaire, en 2008 plus précisément. Le monde traversait alors la pire crise financière de son histoire ; une crise qui aurait pu déboucher sur un effondrement de l'ordre économique mondial. Tout aurait pu disparaître : les banques, les monnaies, les entreprises… Malheureusement, aucun enseignement n'en a été tiré. En quelques mois à peine, la spéculation réapparut, les cours de bourse repartirent à la hausse. Il fallut bien livrer à l'opinion publique des boucs émissaires : ce furent les bonus des traders et les paradis fiscaux. Deux symboles qui n'avaient pourtant qu'un lien indirect avec le problème de fond : la financiarisation à l'extrême de l'économie mondiale. Nous aurions pu saisir l'opportunité de réformer en profondeur un système financier international à bout de souffle en réinventant un modèle capitaliste apaisé, équitable, ancré dans le long terme. Il n'en fut rien.

Souviens-toi : c'était en 2010, un tremblement de terre et un tsunami d'une puissance extrême dévastèrent le Japon. Un accident nucléaire de très grande ampleur détruisit la centrale de Fukushima. Le cœur du réacteur fut en fusion pendant plusieurs mois. Certains évoquèrent alors l'hypothèse d'un Japon totalement inhabitable. Le nucléaire, présenté comme une énergie saine et stable, montrait ses limites. Une occasion unique nous était donnée de nous interroger sur notre modèle énergétique. Il n'en fut rien.

Ces deux exemples sont révoltants. Ils sont révoltants car ils puisent tous deux leur origine dans la cupidité et le court-termisme, deux travers contemporains. Et ils sont encore plus révoltants car ils démontrent que l'homme n'a pas su – ou voulu – saisir les opportunités de changement qu'auraient pu susciter ces crises. Quel gâchis ! Incompétence ou impuissance ? Je te laisse juger…

Mais il y a encore plus révoltant. C'était en juillet de l'année 2011. Les pays européens annonçaient un plan de sauvetage de la Grèce de cent soixante milliards d'euros. Ce plan était salutaire car l'Europe et sa monnaie étaient en danger. Le même jour, l'ONU lançait un cri d'alarme : plus de douze millions de personnes étaient sur le point de mourir de faim dans la corne de l'Afrique. Les Nations unies évaluaient alors à trois cents millions d'euros la somme nécessaire pour venir en aide à cette population misérable. Soit 0,3 % du plan de sauvetage de la Grèce. Mais la communauté internationale resta muette. La politique a ses raisons que la raison ignore.

Ajoute à cela, plus proche de nous, le chômage grandissant, les difficultés des classes moyennes à vivre convenablement, le surendettement des classes populaires… Autant dire que les raisons de s'indigner et de se révolter sont légion.

Pourquoi donc ce sentiment d'impuissance politique face à de tels enjeux ? Souvent, pour justifier leur absence d'actions, nos gouvernants en arrivent à asséner des contrevérités ou des idées reçues. L'argument budgétaire est le plus couramment utilisé. Nous n'avons plus de marge de manœuvre budgétaire pour agir, nous dit-on. J'admets bien volontiers cet argument. Mais comment s'y est-on pris pour réunir mille milliards de dollars en quelques semaines afin de sauver le système financier au plus fort de la crise financière ? Comment fait-on pour réunir en quelques heures des centaines de millions d'euros pour la Grèce ? Autre idée reçue : la terre serait surpeuplée et il serait impossible de nourrir toute l'humanité de façon satisfaisante. Archifaux ! Voici une devinette que je pose souvent et qui interpelle à chaque fois : sur quelle superficie tiendrait toute l'humanité si l'on devait la réunir pour un grand rassemblement planétaire ? Sur la surface de la France ? Des États-Unis ? De la Russie ? Eh bien non ! Toute l'humanité tiendrait… en Corse, la plus petite région française ! Alors qu'on se le dise, la terre peut nourrir durablement dix ou douze milliards d'êtres humains ! Le vrai sujet n'est pas tant de savoir si nous sommes trop nombreux sur Terre ou pas, mais comment les richesses sont réparties dans le monde. Et voilà que l'on en revient aux impasses évoquées plus haut : la cupidité et le court-termisme.

Voici une autre contrevérité assénée régulièrement par nos gouvernants. Tous ont désormais compris qu'il était vital de prendre à bras-le-corps le sujet de la dette publique des États. Malheureusement, beaucoup d'entre eux ne font guère la différence entre le déficit budgétaire et la dette d'un État. Qu'est-ce qu'un déficit budgétaire ? C'est la différence entre ce que l'on gagne et ce que l'on dépense en une année. Qu'est-ce qu'une dette ? C'est ce que l'on doit à ses créanciers. Donc réduire les déficits ne signifie en rien réduire la dette. Réduire les déficits publics ne saurait donc être un objectif en soi. La vraie finalité, si tant est que nous souhaitions léguer aux jeunes générations une situation saine, consiste à générer... des excédents ! Car c'est une chose de ne plus générer de déficits, c'en est une autre de rembourser la dette faramineuse que nous avons accumulée. Et pour rembourser cette dette, il va nous falloir être en mesure d'aligner des décennies et des décennies d'excédents budgétaires. Aussi, des sacrifices devront forcément être consentis. Et cela, quel dirigeant politique osera l'expliquer à ses électeurs ?

Dans ce propos empreint de gravité et de révolte, je voudrais apporter une petite note de légèreté. As-tu déjà regardé *La Folie des grandeurs*, ce film culte du cinéma français ? Je voudrais partager avec toi deux citations prononcées par le personnage principal, Don Salluste, le ministre et grand dignitaire d'Espagne interprété par Louis de Funès. Sur l'impuissance des politiques, d'une part : « Que voulez-vous que je fasse d'autre, je suis ministre, je ne sais rien faire ! » Et sur l'inégalité croissante entre les hommes : « Les riches sont faits pour être très riches, et les pauvres très pauvres. » Deux formules qui, malheureusement, résonnent particulièrement aujourd'hui.

Toutes ces injustices, ce sentiment de capitulation du pouvoir politique concourent à l'établissement d'une atmosphère prérévolutionnaire. Ce n'est pas un hasard si la jeunesse commence à gronder de part et d'autre de la planète. Le monde ne pourra pas continuer éternellement à fonctionner avec les règles du jeu actuelles. Ta génération aura le choix entre la révolution ou l'autodestruction ; autodestruction lente de nos économies plombées par un endettement abyssal, autodestruction accélérée de notre écosystème si des catastrophes écologiques majeures s'y ajoutent.

## Nous sommes en 1788

Une règle de physique énonce le principe selon lequel « les mêmes causes produisent les mêmes effets ». Or il se trouve que le monde d'aujourd'hui contient en germe les mêmes éléments qui ont conduit à la révolution française de 1789 : la crise économique, la famine, les inégalités, des régimes politiques déconnectés des réalités.

Il y a en revanche un élément nouveau dans la révolution que tu porteras : Internet. Comme toute la jeunesse du monde, tu es désormais connecté, tu t'informes et communiques en temps réel et tu passes un temps considérable à naviguer sur les réseaux sociaux. C'est ton espace de liberté. Autrefois, pour renverser un régime, il fallait prendre les armes et risquer sa vie. Aujourd'hui, l'information devient l'arme absolue. Et cette information, elle est diffuse, non canalisée, dispersée. Elle appartient aux réseaux. Elle t'appartient.

Une révolution peut ainsi naître à tout moment et en tout lieu, y compris là où l'on ne l'attend pas. Qui aurait cru, quelques semaines avant les révolutions arabes de l'année 2011, que l'immolation d'un vendeur de légumes en Tunisie pourrait déstabiliser les régimes autoritaires d'Afrique du Nord au point de renverser des dictateurs en place depuis plusieurs décennies ? L'exemple des révolutions arabes démontre à quel point une révolution peut désormais se répandre à une vitesse exceptionnelle : quelques semaines, voire quelques jours. Elle peut même prendre une dimension planétaire.

L'argument que je viens d'énoncer est sans doute parlant pour toi. Mais je dois reconnaître qu'il est en partie fallacieux. Pourquoi donc ? Parce qu'aussi pertinent et puissant Internet soit-il, il est loin de faire une révolution à lui seul. La Révolution française de 1789 n'a pas eu besoin d'Internet pour se propager en quelques mois. Un rappel rapide de la chronologie des événements en atteste : 5 mai 1789, ouverture des États généraux à Versailles ; 9 juillet 1789, proclamation de l'Assemblée constituante ; 14 juillet 1789, prise de la Bastille ; 4 août 1789, abolition des privilèges ; 21 octobre 1790, instauration du drapeau tricolore ; 21 septembre 1792, Première République française ; 21 janvier 1793, décapitation de Louis XVI. Il en est de même pour la deuxième révolution française de 1848, ou même pour les révolutions russes du début du vingtième siècle…

De plus, tu as pu constater que les révolutions arabes, si rapidement déclarées et propagées, n'ont guère abouti à un véritable changement.

D'un côté, donc, tu as une révolution française menée avec des moyens de communication archaïques, mais dont les conséquences bénéfiques se font encore sentir aujourd'hui ; de l'autre tu as devant toi la possibilité d'engager une révolution d'un nouveau genre, une révolution « 2.0 », mais dont on peut penser que son effet sera limité dans le temps.

Quel est donc l'élément qui fait défaut ?

## La faute à Voltaire, la faute à Rousseau

Dans une célèbre scène des *Misérables* de Victor Hugo, le petit Gavroche improvise un refrain, tout en s'amusant sur les barricades lors d'une révolte à Paris : « Je suis tombé par terre, c'est la faute à Voltaire. Le nez dans le ruisseau, c'est la faute à Rousseau. »

Comme le sous-entend la formule de Gavroche, la Révolution française de 1789 n'a pas débuté en 1789. Ni même en 1788. Elle a puisé ses fondements dans ce que l'on a appelé la philosophie des Lumières, courant porté notamment par Voltaire et Rousseau. Les pulsions révolutionnaires des Français n'ont pas été improvisées. La passion pour le modèle républicain n'a pas été le fruit d'une génération spontanée. La Révolution française de 1789, à l'image de toutes les grandes révolutions de ces derniers siècles, a d'abord puisé sa force dans une idéologie puissante, un objectif, une orientation majeure, que les peuples se sont ensuite appropriés.

Prends par exemple *L'Encyclopédie* rédigée par Voltaire, Diderot, Montesquieu et Rousseau. Ce « dictionnaire

raisonné des sciences, des arts et des métiers », écrit
pour le plus grand nombre, avait pour intention
d'éveiller les esprits sur l'abus de pouvoir et les conditions de vie de l'époque.

Dans le *Contrat social*, publié en 1762, Jean-Jacques
Rousseau décrit et défend la République, modèle
politique dans lequel la souveraineté du peuple est
érigée en principe fondamental. Une vraie prise de
risque politique pour l'époque. Si tu complètes cette
lecture par le remarquable *Discours sur l'origine et les
fondements de l'inégalité parmi les hommes*, ou encore
*Émile, ou De l'éducation*, ou le roman *Julie ou la Nouvelle Héloïse*, toujours de Rousseau, tu comprendras
aisément à quel point la pensée de Rousseau a pu être
décisive pour fixer une orientation à cette révolution.

Et comment ne pas citer *De l'esprit des lois*, l'œuvre
fondamentale de Montesquieu écrite en 1748 et qui
servira en partie de base à la rédaction de la Constitution de 1791, instituant notamment la séparation des
trois pouvoirs : législatif, exécutif et judiciaire ?

Pour mener à bien une révolution, il faut donc savoir
manier plusieurs temps. Un temps long et lent qui est
le temps de l'idéologie (rappelons que les écrits et les
engagements de Voltaire, Rousseau, Montesquieu et
des autres se sont répartis sur plusieurs décennies) ;
puis un temps forcément accéléré qui est le temps de
l'action révolutionnaire elle-même.

Internet est un outil fabuleux au service de ce second
temps : il permet de fédérer, réagir, interagir. Il rend

possible une action planétaire collective de grande
ampleur. Pourtant, je suis enclin à penser qu'Internet
a beaucoup moins d'impact dans le premier temps
nécessaire à toute révolution : le temps de l'idéologie.
Pourquoi donc ? Parce qu'une idéologie ne peut pas
être l'émanation d'une réflexion collective. Elle doit
nécessairement être incarnée. Une idéologie est le
fruit de l'unicité de la pensée d'un individu ou d'un
petit groupe d'individus. Tu rétorquerais peut-être
que la force d'Internet pourrait être de fédérer toutes
les intelligences du monde de manière à créer cette
idéologie. Mais si cela devait être le cas, ne le sau-
rions-nous pas déjà ? D'ailleurs, à l'heure de l'abon-
dance de l'information, des réseaux sociaux et des
blogs, nul ne peut dire de bonne foi que nous avons à
notre disposition un arsenal de grandes idées susceptibles d'être portées par une éventuelle révolution.
Probablement Internet regorge-t-il de ces grandes
idées, mais comment les identifier, les fédérer
lorsqu'elles sont noyées parmi des milliers, des millions d'autres idées ?

Tu sais, Internet est très important dans ma vie. Je
considère l'interconnexion des humains comme un
progrès exceptionnel. Internet joue et jouera un rôle
de plus en plus important dans le partage de la connaissance et la transmission du savoir. Internet, j'en ai
même fait mon métier. Mais Internet ne fait pas tout.
Le réseau n'inventera jamais les grandes idées à ta
place. Il te permettra simplement de les fédérer, de les
partager, de les diffuser, ce qui est déjà beaucoup.

Alors aujourd'hui, je m'interroge : où sont les Voltaire, Rousseau et Montesquieu du monde moderne ? Je peine à les identifier. Tout comme je peine à identifier les grandes idées qui pourraient justifier une nouvelle révolution. Certes, nos librairies regorgent de livres rédigés par des sociologues, philosophes ou économistes. Leurs travaux sont parfois remarquables, mais je ne ressens pas en eux cette volonté suprême de dépasser l'analyse et de passer à l'action. Et lorsque certains d'entre eux donnent le sentiment de vouloir agir et défendre leurs convictions, ils se laissent souvent absorber par l'euphorie que suscite la machine médiatique. D'intellectuels, ils se travestissent alors en « beaux parleurs », devenant ainsi des produits marketing destinés à propager une pensée consensuelle, bienséante et forcément simplificatrice.

## La capitulation politique

Si la conscience collective ne peut pas imposer de nouvelles grandes idées pour le monde, si notre siècle n'est pas aussi prolixe que celui des Lumières, comment faire émerger une nouvelle idéologie dominante, une idéologie qui, le jour venu, pourrait être portée par une révolution ?

Légitimement, nous pourrions attendre des hommes et des femmes politiques qu'ils s'emparent de ce sujet et répondent à la question la plus fondamentale : où allons-nous ? N'est-ce pas là d'ailleurs la raison d'être de l'action publique ? La démocratie n'a-t-elle pas été inventée pour apporter des réponses à ces interrogations ? Seulement, le temps politique est aujourd'hui régi selon un cycle court. Dans un pays tel que la France, seuls cinq ans séparent chaque élection présidentielle. Quatre ans seulement aux États-Unis, la première démocratie du monde. La politique se résume donc à une campagne électorale permanente, ponctuée chaque année d'élections plus ou moins décisives. Les programmes des partis politiques sont des catalogues de propositions, sans réelles logiques, répondant à des intérêts catégoriels. En cours de mandat, des lois sont faites puis défaites. L'action législative consiste désormais à corriger les imperfections techniques de la loi précédente. Bref, tu l'as compris, plus aucune grande idée ne semble se dégager de l'action publique.

Pour se donner une légitimité, le personnel politique parvient malgré tout – et c'est tout son talent – à perpétuer des idéologies dépassées : à gauche, on est généreux ; à droite, on est pour le travail. À gauche, on prône une juste répartition des richesses ; à droite, on encourage l'esprit d'entreprise. Mais nous avons là affaire à des dogmes entretenus depuis des décennies, à des dogmes qui ne contiennent plus aucune grandeur.

D'où vient donc le fait que notre modèle démocratique n'est plus en mesure de produire ces grandes idées que nous attendons tous ? Tout simplement, la politique est devenue un métier avant d'être un engagement. Et cela change tout. En effet, qu'est-ce donc que « faire de la politique » ? Soit tes idées sont déjà défendues par une femme un homme ou un parti politique, et ton vote ira logiquement vers eux. (Éventuellement, tu pourras choisir de t'impliquer personnellement à leurs côtés pour contribuer à diffuser ces idées.) Soit tes convictions ne sont représentées par personne, et dans ce cas tu auras peut-être envie d'aller les défendre par toi-même, en créant une association, un club de réflexion, un parti politique ou en écrivant des essais, des romans ou des pièces de théâtre. Dernière hypothèse, tu n'as pas d'idée fondamentale à partager ou tu te désintéresses de l'action collective : libre à toi alors de ne pas t'impliquer dans le débat démocratique.

Il n'y a guère que ces trois possibilités. Or en faisant de la politique un métier, nos femmes et hommes politiques s'obligent à mixer ces trois postures. Qui n'a pas entendu un parti politique annoncer « Nous allons nous réunir en vue de définir notre programme » ? Te rends-tu compte à quel point cela relève de l'ineptie ? S'obliger à agir même si l'on n'a rien à proposer, telle semble la raison d'être de la politique aujourd'hui ! Voilà pourquoi il est de bon ton, en politique, de s'inscrire en opposition contre quelque chose. Cela évite d'avoir à s'aventurer sur le terrain des idées. Il est facile d'être contre le capitalisme. Mais quel cadre économique proposer en contrepartie ? Il est aisé de s'en prendre aux patrons. Mais qui portera le risque à leur place ? Il est opportun de stigmatiser le nucléaire. Mais quelle solution alternative pouvons-nous raisonnablement proposer ? Au lieu de voir nos dirigeants

politiques se gargariser en se posant toutes ces questions, nous souhaiterions les voir plancher sur les
réponses !

Il faut donc se rendre à l'évidence. Les dirigeants politiques actuels ne changeront pas le monde. Je le
regrette, mais c'est un fait. Pour autant, rien ne sert de
leur jeter la pierre et de les pointer du doigt. Ne
sombre jamais dans des généralités populistes du type
« tous pourris » ou « tous les mêmes » qui ne condui-
raient à rien. Vois en eux des employés, parfois perfor-
mants, parfois moins, qui administrent le monde dans
son quotidien. Ils sont loyaux et dévoués, et consa-
crent souvent leur vie à cela. Ce sont les gardiens de
notre maison commune. Mais une chose est sûre : ce
n'est pas d'eux que viendra le vrai changement que tu
attends. Ils n'ont pas le temps d'y penser.

Je sais bien que tu n'es pas dupe de cette impuissance
politique. Ce n'est d'ailleurs pas un hasard si tu te
désintéresses depuis bien longtemps du débat public.
Tu n'éprouves pas l'envie ni le besoin d'aller voter.
Mais sache-le : lorsque les grandes idéologies auront
été inventées, lorsque l'humanité se montrera suffisamment créative pour définir une nouvelle orientation, alors le cadre démocratique sera celui qui te
permettra de changer le monde.

# Chapitre 2

# Les rêves

Cette histoire va probablement te parler. Nous sommes au tout début du siècle dernier, en 1905. Charles, un jeune garçon de quatorze ans, poursuit sa scolarité au collège des jésuites de l'Immaculée Conception dans le quinzième arrondissement de Paris. De caractère turbulent et désobéissant, il est loin de ce que l'on peut appeler un élève modèle. Ses résultats scolaires sont d'ailleurs très irréguliers : s'il apprécie l'histoire et la littérature, il se montre particulièrement réfractaire aux mathématiques et à l'allemand. Son père, du reste, dut à plusieurs reprises brandir la menace de sanctions disciplinaires à son égard, tant il ne s'impliquait guère dans ses études.

Charles a un rêve d'enfant : devenir militaire. Un an plus tard, à quinze ans, il décide de se présenter au concours d'entrée de l'École spéciale militaire de Saint-Cyr. C'est alors que tout bascule dans la vie de Charles. Animé par une puissante volonté, il devient subitement le meilleur élève dans toutes les matières. Charles n'appréciait pas les mathématiques, discipline pourtant fondamentale pour prétendre à intégrer Saint-Cyr ? Qu'à cela ne tienne ! Le collégien a décidé de fournir le

travail nécessaire pour compenser ses faiblesses… au
point de devenir le premier de sa classe !

À la même période, Charles prend la plume pour
écrire un roman. Un roman rien que pour le plaisir
d'écrire. Son titre : *Campagne d'Allemagne*. Il se pro-
jette en 1930, à la tête d'une armée de deux cent
mille hommes. Il s'imagine bouter hors de France des
ennemis venus d'Allemagne. Dans cet écrit d'adoles-
cent, Charles s'est octroyé le titre de général.

Charles – tu as sûrement compris qu'il s'agit de De
Gaulle – connut ensuite le destin que l'on sait. Son
roman écrit à quinze ans fait figure de prophétie auto-
réalisatrice.

## Vouloir

Je m'attache beaucoup aux expressions populaires.
Souvent, nous les employons à longueur de journée
sans prendre la mesure de la vérité qu'elles contiennent. C'est le cas de la locution : « Quand on veut, on
peut. » Certes, il ne suffit pas de vouloir quelque
chose pour le pouvoir. Ne soyons pas naïfs. Autopro-
clamer un objectif ne garantit en rien son accomplissement. Mais inversement, il est très rare de parvenir à
obtenir une grande chose sans l'avoir intimement et
profondément voulu. La volonté est donc une condition absolument nécessaire, quoique non suffisante,
pour parvenir à un objectif, dès lors que celui-ci a été
fixé. Reprenons l'exemple du général de Gaulle. Tous
les présidents de la Cinquième République ont

reconnu avoir été animés par un puissant désir depuis leur tout jeune âge. Pour certains, tel de Gaulle, c'était le désir de libérer la France. Pour d'autres, un désir de pouvoir ou de revanche lié à leur histoire personnelle. Peu importe. Mais dans tous les cas, il s'agissait d'un désir suprême porté par une ambition puissante et créatrice.

Cette volonté supérieure est le propre des grands hommes. Tous les grands personnages historiques ont été, à un moment donné de leur vie, animés par le sentiment selon lequel rien n'était impossible, et que leur destin les conduirait à relever des défis extraordinaires. Tel est aussi le propre des prophètes. La traversée de la mer Rouge par Moïse décrite dans la Bible en est une illustration majeure. Moïse, guidant le peuple d'Israël, se retrouve au bord de la mer Rouge, poursuivi par les soldats du pharaon. La situation est critique. C'est alors que « Moïse étendit la main sur la mer, et Yahvé refoula la mer toute la nuit par un fort vent d'est ; il la mit à sec et les eaux se fendirent. Les enfants d'Israël pénétrèrent à pied sec au milieu de la mer, et les eaux formaient autour d'eux une muraille ». Les soldats du pharaon, arrivés plus tard, furent engloutis par les eaux.

Peu nous importe ici de disserter sur l'authenticité de cette scène. Très récemment, des scientifiques ont annoncé avoir modélisé le phénomène météorologique à l'origine de l'écartement des eaux dans cet épisode de l'Exode. Soit. L'intérêt de ce récit, qu'il soit réel ou imaginaire, est qu'il exprime avec puissance

l'idée selon laquelle rien n'est impossible, à condition
d'être animé par un but précis et une volonté de fer.

Les buts, justement, revenons-y. Au début des
années 1960, le président américain Kennedy annonça
que les États-Unis seraient en mesure d'envoyer un
homme sur la Lune avant la fin de la décennie. Neuf
ans, au final, auront suffi pour élaborer le programme
lunaire et envoyer un premier homme sur la Lune.
Aujourd'hui, lorsque l'on ose évoquer un nouveau
programme lunaire, on parle de vingt ou vingt-cinq
ans pour y aller. Comment expliquer cette différence ?
Nos ressources technologiques sont pourtant bien plus
grandes aujourd'hui qu'elles ne l'étaient alors. Faut-il
rappeler que l'ordinateur qui a piloté les missions
lunaires Apollo était moins puissant qu'un micropro-
cesseur de machine à laver d'aujourd'hui ? Dans les
années 1960, la guerre froide était à son comble. Les
Russes avaient réussi l'exploit d'envoyer un premier
animal dans l'espace (la chienne Laïka), ainsi que le
premier homme (le cosmonaute Youri Gagarine). Les
Américains devaient donc laver cet affront et démontrer au monde leur supériorité technologique. C'est
cet objectif et rien que cet objectif qui a conduit les
industriels, scientifiques et hommes politiques américains à travailler intensément et main dans la main pendant une poignée d'années pour en arriver au fameux :
« C'est un petit pas pour l'homme, mais un grand pas
pour l'humanité », prononcé par Neil Amstrong le
20 juillet 1969 en direct de la Lune. Aujourd'hui, plus
aucun objectif supérieur ne saurait justifier d'envoyer

un homme sur la Lune. Sans grand dessein, la conquête spatiale devient superflue.

«Yes we can », « Changer la vie », « Ensemble, tout
devient possible ». Voilà trois slogans de campagnes
présidentielles (respectivement de Barack Obama en
2009, François Mitterrand en 1981 et Nicolas Sarkozy
en 2007) qui contenaient en germe cette idée selon
laquelle rien n'est impossible, à condition de le vouloir. Mais il manquait quelque chose de fondamental :
les objectifs, l'orientation majeure, de sorte que ces
slogans ambitieux se sont rapidement transformés en
incantations, déconnectées de toute réalité.

Tout est possible, donc, mais à condition seulement que
l'on suive un objectif clair, bien défini, et que l'on soit
animé d'un désir ardent. Cela se vérifie au niveau personnel, mais également au niveau collectif, dans une
équipe de football, dans une entreprise, dans une nation.
Je t'invite vivement à y réfléchir. Rien ne t'est dû. Rien
ne te sera dû. Si tu veux un jour créer une entreprise, il
te faudra l'avoir intimement voulu et avoir un projet
auquel tu crois fermement. Si tu veux remporter une
compétition sportive, tu connais le rôle fondamental
que jouera ton mental Si tu veux agir politiquement, il
faudra aussi que tu le désires profondément.

Personne ne viendra jamais t'apporter sur un plateau
le destin glorieux que tu ne seras pas allé chercher au
plus profond de toi-même. Telle est la différence entre
un « petit chef » et un leader charismatique, entre un
dirigeant et un patron, entre un politicien et un
homme d'État. Dans un cas, il s'agit d'un statut ; dans

l'autre, d'une vocation profonde autoréalisée. C'est toute la différence entre un avenir et un destin.

Tu pourrais rétorquer que selon l'environnement familial et culturel, les règles du jeu ne sont pas les mêmes pour tout le monde, et que vouloir ne suffit pas. Tu aurais raison. C'est une réalité : si tu es « bien né », comme on dit, tu accéderas plus facilement à l'éducation, au savoir et *in fine* au pouvoir. Tu bénéficieras d'un réseau amical et familial que tu pourras solliciter à tout moment pour des conseils, accompagnements et autres « pistons ». C'est un fait : si tu as la chance d'être enfant de polytechnicien, les portes s'ouvriront plus facilement à toi que si tu es un enfant d'ouvrier.

### N'abandonne jamais

Tes parents ne t'ont pas légué les clés de la réussite ? À toi, je voudrais dire que rien ne sert de se révolter, et à plus forte raison d'en vouloir à ceux qui ont eu cette chance. Se révolter consomme de l'énergie. Il te sera bien plus utile d'employer cette énergie pour aller chercher au fond de toi ce projet, cette idée, cette passion que tu voudras porter un jour. Tu veux être créateur de ta propre vie et apporter quelque chose au monde ? Tu dois savoir que le chemin sera plus ardu que pour d'autres. Tu vas devoir travailler dur et ne jamais douter. Beaucoup ne croiront pas en toi : les banquiers, notamment, qui ne te permettront pas d'accéder à un emprunt faute de garanties suffisantes.

Ne leur en veux pas. Sache qu'ils sont pris, eux aussi, dans un système technocratique et que derrière leurs attitudes intimidantes et parfois condescendantes se cachent des femmes et des hommes qui très souvent ne s'épanouissent plus dans un environnement professionnel rongé par la cupidité et le court terme, des femmes et des hommes qui savent bien qu'ils ne peuvent plus apporter quelque chose de neuf au monde.

À toi, enfant de l'immigration, qui crois que ton origine est un frein à ta réussite en France, je voudrais dire que la France est un pays d'accueil exceptionnel. Contrairement à ce que tu penses peut-être, les Français ne sont ni racistes, ni xénophobes, ni antisémites. Très souvent, ta paranoïa te poussera à mettre sur le compte du racisme bon nombre de tes erreurs personnelles. Si tu n'es pas sélectionné pour un emploi, c'est probablement que ton profil ne correspond pas ou que tu n'as pas été à la hauteur. Là aussi, ne déploie pas une énergie colossale à te révolter contre un racisme putatif. Concentre-toi, et travaille.

Je voudrais te faire part de mon cas personnel. J'ai eu la chance de naître dans une famille privilégiée. Mon grand-père paternel, pharmacien de profession, et mon grand-père maternel, avocat, ont élevé leurs enfants selon des principes que l'on pourrait qualifier aujourd'hui d'occidentaux. Mon père avait l'esprit d'entreprise très aiguisé. Il créa sa propre société, une imprimerie, dont l'activité fut très florissante dans les années 1980 et 1990. J'ai donc vécu une enfance plutôt paisible, dans les beaux quartiers de l'Ouest parisien. Le fait de grandir auprès d'un père chef d'entreprise a sans aucun doute contribué à développer ma fibre entrepreneuriale. Je me revois, tout jeune, participer à ses côtés à des négociations ou à des entretiens d'embauche. C'est donc tout naturellement que j'ai décidé, à l'issue de mes études, de créer ma propre entreprise à la fin des années 1990. La passion que je vouais aux nouvelles technologies me conduisit au secteur de l'Internet. C'était le début de Dromadaire.com. À ce stade, tout pourrait paraître fluide et évident. Un itinéraire habituel d'enfant privilégié en quelque sorte.

Au début des années 2000, les choses se compliquèrent subitement pour moi. Deux ans après son lancement, mon entreprise éprouvait les pires difficultés à trouver son modèle économique. Notre endettement devenait abyssal. Les banques ne nous soutenaient plus. Pourtant, je continuais à y croire. Je ne m'imaginais pas une seule seconde ne pas parvenir un jour à amener ce projet au succès. La foi qui m'animait frôlait presque la naïveté. Rien objectivement ne laissait entrevoir un succès. Mais j'y croyais. Cela dura trois années, durant lesquelles tout me poussait à jeter l'éponge, mais trois années passionnantes où j'avais l'intime conviction de poursuivre un projet qui, le jour venu, rencontrerait le succès. J'aurais pu tout abandonner, et postuler, mes diplômes en mains, à des postes de cadre supérieur dans des sociétés multinationales. Mais telle n'était pas mon envie. Quelques années plus tard, Dromadaire devint le leader mondial de son secteur, et je lançais Ooprint, une autre entreprise Internet consacrée à l'impression en ligne.

Même quand les circonstances sont extrêmes, même si les événements ne sont pas favorables, même si l'environnement n'est pas accueillant, la foi et la motivation peuvent donc permettre de soulever des montagnes. Crois-moi. Je ne suis pas devenu entrepreneur le jour où j'ai décidé de créer mon entreprise. Je le suis devenu quand j'ai eu à affronter les pires difficultés, et seulement à ce moment-là. De ce fait, la question du milieu social est bel et bien secondaire. Si tu es issu d'un milieu populaire, tu connaîtras ces difficultés très tôt dans ton parcours. Si tu as la chance d'être issu d'un milieu plus favorisé, tu les connaîtras plus tard, mais tu n'y échapperas pas. N'est-ce pas dans les grandes tempêtes que l'on découvre les grands navigateurs ? N'aie pas peur d'affronter les turbulences. C'est grâce à elles que, le moment venu, tu pourras t'accomplir. Que cela soit dans la création d'entreprise, dans ton métier, dans tes passions ou tes convictions.

Il te faudra aussi savoir t'entourer. Un autre proverbe populaire dit que « l'union fait la force ». Si tu envisages de te lancer dans un projet entrepreneurial, associatif ou politique, il va te falloir choisir les personnes qui vont t'accompagner dans cette aventure. Rares sont ceux qui réussiront seuls. Tes compagnons de route sauront te stimuler, te contredire parfois. Ce seront tes points de repère. En ce qui me concerne, j'ai dès le début eu la chance de travailler avec Lauris et Vincent, mes deux complices de toujours. Quelle richesse de se savoir accompagné de partenaires de confiance avec qui partager ses enthousiasmes et ses rêves !

## Bâtir les fondations d'une vie

L'histoire de l'enfance et de la jeunesse de Charles de Gaulle évoquée plus haut nous permet d'illustrer une autre idée : la jeunesse est un moment clé dans la vie d'une personne. C'est en effet avant trente ans que se définissent nos rêves, nos objectifs, nos envies, nos fantasmes. Et c'est après trente ans que nous avons à les mettre en œuvre. « Qu'est-ce qu'une grande vie, sinon une pensée de la jeunesse exécutée par l'âge mûr ? », se demandait Alfred de Vigny. Sans doute as-tu ici la définition exacte de ce que signifie « réussir sa vie » : réaliser ses projets d'enfant. Le petit Charles de Gaulle aimait l'armée. Il se voyait sauver la France. Mais ce n'est que quelques décennies plus tard, une fois adulte, qu'il put vivre pleinement ses projets et s'accomplir en tant qu'homme. Si le jeune Charles avait voulu devenir pompier, sans doute aurait-il pu devenir un grand pompier, mais en tout état de cause il n'aurait sans doute jamais été l'homme du 18 juin et de la Cinquième République.

À ce stade, l'envie me démange de te poser cette question : quels sont tes rêves d'enfant ? Es-tu, comme le jeune Charles de Gaulle, animé par un rêve fou ? J'espère que oui ! Mais j'avoue tout de même être très surpris de constater à quel point le rapport de la jeunesse aux rêves a changé en aussi peu de temps.

Un exemple me revient pour illustrer cette idée. J'avais dix ans. J'étais en dernière année d'école primaire. Mon maître d'école – c'était ainsi qu'il convenait de le qualifier à l'époque – nous confia un jour la rédaction d'une minidissertation sur le thème « Si j'étais… ». Il appartenait à chacun d'y projeter ses envies, ses projets, ses rêves. En ce qui me concerne, j'avais choisi de commencer mon devoir par un très naïf « Si j'étais astronaute ». Je m'imaginais à bord d'une navette observant la Terre depuis l'espace, posant un pied sur la Lune, peut-être sur Mars. Je n'étais d'ailleurs pas le seul dans ma classe à avoir choisi ce thème. Rien de plus surprenant, lorsque l'on sait que les métiers relatifs à l'espace (spationaute, pilote de ligne) sont parmi ceux qui faisaient le plus rêver les jeunes garçons.

Près d'un quart de siècle plus tard, je suis invité à m'exprimer devant un parterre de deux cents lycéens sur le thème « Osez ». Quelles ne sont pas ma surprise et mon émotion lorsque l'on m'apprend que l'un des intervenants est Jean-Loup Chrétien, le premier spationaute et cosmonaute français, l'homme qui eut le privilège de passer plusieurs mois à bord de la station spatiale russe Mir. Je prends conscience de la chance qu'ont ces lycéens de pouvoir côtoyer un tel symbole et d'échanger avec lui. J'aurais bien voulu qu'une telle opportunité me fût offerte quand j'avais leur âge.

La conférence démarre de manière assez ordinaire. Jean-Loup Chrétien et moi-même exposons nos visions respectives de l'audace, de l'innovation et de

l'entrepreneuriat. Puis vient le jeu traditionnel des
questions-réponses. Légitimement, je m'attends à ce
qu'il soit le destinataire quasi exclusif des questions.
Combien d'interrogations aurais-je voulu moi-même
partager avec lui ? Je me prépare donc à devoir m'effa-
cer devant une avalanche de questions à l'attention de
cet ex-spationaute. À mon grand étonnement, la première question m'est destinée. Un lycéen me
demande comment m'est venue l'idée d'entreprendre
et de créer ma société. L'honneur est sauf ! J'ai au
moins eu une question ! Puis vient la seconde question. Un autre jeune garçon me fait part des difficultés
qu'il a à se projeter dans l'avenir et me demande de
partager mon ressenti. Et cela dure près d'un quart
d'heure.

Je compris alors à quel point le monde avait changé en
si peu de temps. À l'instar des jeunes de ta génération,
tu sembles aujourd'hui particulièrement préoccupé
par le monde dans lequel tu évolues. Tu aspires à créer,
à entreprendre, mais tu n'es pas dupe des rigidités de
notre système. Tu es mature. Un peu trop peut-être.
Tes rêves ont changé. Aussi curieux que cela puisse
paraître, tu peux te sentir plus proche d'un chef
d'entreprise trentenaire dans les nouvelles technologies que d'un symbole de l'épopée spatiale.

Comment expliquer ce retournement ? Il se trouve,
tout d'abord, que l'environnement économique ne
t'est guère favorable. Toi qui n'as connu que la crise
depuis ta naissance dois composer avec un chômage
quasi structurel, un prix de l'immobilier excessif et

une rigidité étatique sans précédent. Pour ne rien arranger, tes parents et grands-parents, qui ont vécu bien au-dessus de leurs moyens, t'ont légué dès ton premier jour une dette de vingt-cinq mille euros sur les épaules. Et cette dette, jour après jour, continue de s'alourdir. Tu as le funeste privilège de faire partie d'une génération qui vivra peut-être moins bien que celle de ses parents. Une première dans notre histoire récente. Et tes parents en sont conscients. Plus que jamais, les circonstances t'obligent à te concentrer, lucide, sur les réalités d'un quotidien difficile. Tu ne t'autorises plus à rêver et à te projeter. Les contraintes te ramènent rapidement à la réalité. Mais permets-moi d'insister : quelles que soient les difficultés auxquelles tu es confronté, quoi que les générations qui t'ont précédé fassent pour t'empêcher d'avancer, ne renonce jamais à tes rêves. Ne te laisse pas voler ta jeunesse. Autorise-toi à penser aux idées les plus folles. Même si beaucoup d'entre elles ne seront sans doute pas réalisées, seules se réaliseront celles auxquelles tu auras pensé.

Les sociologues ont nommé ta génération la « génération Y ». Elle décrit tous les jeunes nés après 1980. La « génération Y » succède à la « génération X », qui elle-même succède à la génération du baby-boom. Mis à part une logique d'alphabet (la lettre « Y » succède à la lettre « X »), il y a une autre raison qui justifie l'emploi de ce terme. En anglais, la lettre « Y » se prononce « why », qui signifie en français « pourquoi ». Comme tous les jeunes de ta génération, tu t'interroges davantage que tes parents et tes grands-parents. Curieux par nature, tu veux tout comprendre et tu n'acceptes les contraintes que si tu connais leur raison profonde. Bref, tu es en quête de sens.

Cette « génération Y » n'a pas bonne presse aujourd'hui. Il t'est souvent reproché par tes aînés ton manque de culture, ta mauvaise orthographe, ta forte propension à la dispersion, ton manque d'engagement… Tu disposes pourtant d'atouts considérables qui te permettront, le moment venu, d'entreprendre et de créer. En particulier la relation que tu entretiens avec les outils d'information et de communication, en particulier Internet, est tout à fait inédite. Tu fais partie de la première génération à n'avoir connu le monde qu'avec Internet et les téléphones portables. Alors que les générations qui t'ont précédé voient en ces outils une aliénation, tu les considères au contraire comme des prolongements naturels de ton intelligence. Ta génération, que l'on juge à tort comme inculte et sans valeur, a su développer un esprit de synthèse inédit et une créativité débordante. Et cette créativité, demain, tu sauras la mettre au service de l'humanité.

Une des spécificités de la « génération Y » est qu'elle entretient également un rapport au temps radicalement nouveau. Le monde bouge. Les événements d'actualité se succèdent à un rythme de plus en plus accéléré. Ce mouvement est irréversible. Chercher à le ralentir est vain. La seule possibilité qui vaille, pour vivre pleinement ce changement, est d'épouser l'accélération, de l'accepter et de se laisser porter. En cela, force est de reconnaître que ta génération est particulièrement armée. Adepte du zapping et du mouvement, tu es parfaitement en phase avec cette accélération.

Le monde tel qu'il est en train de se dessiner va plus que jamais te donner des leviers d'action pour agir. Il est temps que tu t'en saisisses.

## La jeunesse

Tout processus, projet ou entreprise est régi par des cycles. Il en est de même pour ta propre vie. Au commencement, la question principale est celle de l'orientation : où vais-je ? Ensuite vient la volonté : je veux ! Après seulement vient l'action : je peux. Le processus se termine par un quatrième moment, qui est le temps de l'accomplissement : je suis ! Les deux premiers moments – l'orientation et la volonté – sont le propre de la jeunesse. Les deux moments suivants – l'action et l'accomplissement – sont du domaine de l'adulte.

Ces cycles régissent ta vie personnelle, mais également tes aventures collectives. Un pays, une nation, une entreprise, une équipe de football doivent d'abord être animés par une orientation et une volonté de fer pour pouvoir ensuite agir et s'accomplir collectivement. Or, ces dernières décennies, nous avons perdu de vue les deux premiers moments, propres à la jeunesse. Nous ne projetons plus d'orientation ni de volonté. Très souvent, les hommes politiques font de l'accomplissement, qui est en théorie le quatrième moment du cycle, le fer de lance de leurs programmes. Tels sont souvent les projets de gauche, qui visent à améliorer la qualité de vie et le bien-être collectif. D'autres font de l'action le cœur de leur politique. Tels sont souvent les projets de droite : les gouvernants actuels doivent être dans l'action, légiférer, agir en permanence pour démontrer et prouver qu'ils sont aux commandes. Mais personne, aucun homme politique moderne ne semble animé par les deux premiers moments que sont ceux de l'orientation et de la volonté. Et pour cause, ces deux moments sont ceux de la jeunesse.

Cela prouve une chose : notre civilisation a vieilli. Si l'on souhaite la rajeunir, il faut accepter l'idée d'aller puiser dans sa jeunesse les idées, les rêves, les envies, les désirs. Le vrai changement ne passe pas par l'action, mais d'abord par le rêve, l'orientation et la volonté.

Je ne voudrais surtout pas ici faire preuve de « jeunisme », et donner le sentiment de valoriser la jeunesse de façon dogmatique. Certes, rajeunir une civilisation passe d'abord par sa jeunesse : ce n'est pas un hasard si toutes les grandes révolutions ont été portées par les plus jeunes, qui sont par nature ceux qui développent un désir de bouleverser l'ordre établi. Mais rajeunir une civilisation passe surtout par la jeunesse des idées, au fond peu importe ceux qui les incarnent. Toutes les générations ont vocation à y contribuer.

Dans cette période tourmentée que nous vivons actuellement, nous cherchons tous un sens à donner à nos vies. Nous aspirons tous à nous accomplir dans nos idéaux. Mais nous nous heurtons à des murs d'incompréhension. Pourquoi tant d'injustice ? Pourquoi tant d'absurdité ? Pourquoi cette impuissance politique ? Pourquoi ce court-termisme ? Pourquoi ce diktat de la finance ? Pourquoi cette Europe ?

C'est toute une civilisation qui s'interroge sur son devenir ; tout un peuple qui demande « why » (« pourquoi »). La génération « Y » est emblématique de ce questionnement planétaire. Une révolution est en germe : la révolution « Y ».

# Chapitre 3

# Les conquêtes

Tu n'as pas trente ans. Ton énergie et ta fougue te poussent à agir, à en découdre avec la vie. Seulement, tu l'as bien compris : pour agir efficacement il te faut définir une orientation, un objectif. Et cela s'applique à chacun de nous, individuellement et collectivement. Telle est d'ailleurs à mon sens la signification exacte d'une civilisation : un ensemble de valeurs et d'objectifs communs, partagés et défendus par tous.

Quelle est donc l'orientation majeure que nous voulons nous donner ? Vers quel objectif commun marchons-nous ? Répondre à ces questions est loin d'être évident. Élargir le sujet nous permettrait peut-être d'y voir plus clair : quel est l'objectif de la vie ? Il est en effet tentant de rechercher une réponse universelle à cette question des objectifs. Pourquoi limiter notre réflexion à l'homme, et ne pas y associer les autres espèces vivantes, y compris les espèces végétales ? Après tout, l'homme n'existe sur Terre que depuis quelques dizaines de milliers d'années. Il n'est donc venu s'intégrer que très récemment à ce système global que l'on appelle la nature : un système en perpétuelle évolution, que les artistes dépeignent comme étant la beauté absolue.

T'est-il donc déjà arrivé de te demander, au hasard
d'une balade en forêt, quelle pouvait être la condition
des arbres, des fleurs, des plantes ? T'es-tu déjà interrogé
sur ce à quoi pouvaient aspirer ces organismes vivants ?
À la survie ? Au bonheur ? À la puissance ? Je t'accorde
bien volontiers qu'une telle interrogation (« Quel est le
but d'un arbre ? ») peut paraître complexe à appréhender, tant elle est empreinte de considérations philoso-
phiques et religieuses. Elle implique en effet que les
végétaux soient animés par un objectif et une orientation, consciemment ou pas. Pourtant, y réfléchir nous
permettra de mieux identifier, et peut-être même
de clarifier, ce que pourrait être cette orientation collective qui fait cruellement défaut chez les humains
aujourd'hui.

## La conquête, une valeur universelle

Dans *La volonté de puissance*, le philosophe Friedrich
Nietzsche s'interroge en ces termes : « Pourquoi les
arbres d'une forêt vierge luttent-ils entre eux ? » Et il
apporte une réponse des plus sarcastiques : « Pour le
"bonheur" ? – Pour la puissance !... » Selon Nietzsche,
l'objectif de la vie n'est en effet ni la conservation ni le
bonheur, mais la puissance et l'accroissement de cette
puissance. Tout organisme vivant, toute portion de
matière vivante viserait constamment à exploiter, digé-
rer, recycler, dépouiller, s'approprier ce qui l'entoure,
imposer à la matière environnante ses propres règles et
ses propres lois. Cela s'appliquerait à toute forme de vie,
de la cellule la plus primitive à la société humaine la

plus avancée, de la fleur sauvage présente dans nos con-
trées aux plantes de la forêt amazonienne en lutte pour
la lumière.

Cette idée selon laquelle l'homme se définit avant
tout par un désir d'action se retrouve chez bien
d'autres philosophes, et notamment Pascal dans ses
*Pensées* : « Rien ne nous plaît que le combat, mais non
pas la victoire. On aime à voir les combats des ani-
maux, non le vainqueur acharné sur le vaincu ; que
voulait-on voir, sinon la fin de la victoire ? Ainsi dans
le jeu. Ainsi dans la recherche de la vérité, on aime à
voir, dans les disputes, le combat des opinions ; mais
de contempler la vérité trouvée, point du tout ; pour
la faire remarquer avec plaisir, il faut la voir naître de la
dispute. De même dans les passions, il y a du plaisir à
voir deux contraires se heurter, mais quand l'une est
maîtresse, ce n'est plus que brutalité. Nous ne cherchons jamais les choses, mais la recherche des choses. »

C'est cet esprit de conquête, ce désir impérieux
d'agir, qui a poussé l'homme moderne à quitter
l'Afrique de l'Est il y a soixante-cinq mille ans pour
coloniser d'abord l'Europe et l'Asie puis enfin les
Amériques. Ce même esprit de conquête est à l'origine des grandes guerres que nous avons traversées,
qui ont abouti à figer les frontières géographiques
comme nous les connaissons aujourd'hui et à instau-
rer le contrat social. Enfin, le développement des
trois grandes religions a aussi été animé par cet esprit
de conquête, au travers des guerres saintes, croisades
et autres djihad.

Du reste, tu as sans doute pu observer en déambulant dans les allées d'un musée que notre patrimoine culturel regorge de tableaux ou de sculptures censés représenter des hommes en situation de conquête et de guerre.

Dans certaines représentations artistiques, cet esprit de conquête est même sublimé. L'un des tableaux les plus connus du patrimoine culturel français montre Napoléon Bonaparte franchissant le col du Grand-Saint-Bernard. Ce portrait équestre réalisé par le peintre Jacques-Louis David représente un Premier consul flamboyant vêtu d'une cape rouge, chevauchant un superbe cheval blanc, et pointant du doigt à son armée la direction à prendre. Un grand homme en situation de conquête.

Eh bien savais-tu que cette scène n'a jamais eu lieu ? Du moins pas dans les conditions dépeintes dans ce tableau. En réalité, la traversée des Alpes dans le cadre de la seconde campagne d'Italie n'avait rien de flamboyant : Bonaparte chevauchait une mule, était paré d'une simple redingote blanche et coiffé d'un bicorne couvert de toile cirée. Il faisait froid et la neige rendait la progression du convoi très difficile. Lorsque la commande fut passée au peintre, Napoléon imposa pourtant une œuvre dans laquelle l'esprit conquérant devait être magnifié. Pourquoi donc ? Tout simplement parce que la conquête est ce qui exprime le mieux la grandeur et l'ambition d'un homme, d'une nation. Sans doute le futur empereur était-il d'accord avec Nietzsche, qui présentait la volonté de puissance et de conquête comme le propre d'un esprit humain en bonne santé.

En arpentant les rues de Paris, tu te rendras compte à quel point les conquêtes sont au cœur de notre histoire et sources de fierté. La place de l'Étoile, lieu hautement symbolique de notre patrimoine culturel, représente sans doute le paroxysme de ce culte de la conquête. Toutes les avenues qui lui sont liées se rapportent à cette idée : Wagram, Iéna, Marceau, qui sont de grandes batailles victorieuses, mais aussi la Grande-Armée, Foch… Autre monument phare de la capitale, la tour Eiffel. Certes, cette structure métallique ne se rapporte pas à l'idée de conquête au sens territorial ou napoléonien du terme. Mais il s'agit là d'une autre forme de conquête : d'une part une conquête sur le ciel et d'autre part une conquête sur les éléments, tant les défis techniques à surmonter pour la construire ont été nombreux. Partout, à Paris, sont présentes les conquêtes. Dans les rues et les boulevards, donc, mais aussi dans les gares (Austerlitz), dans le métro (Bir-Hakeim, Magenta, Argentine, etc.)…

Et il en va de même pour tous les pays. Un français qui prend l'Eurostar pour Londres arrivait il y a encore peu de temps en gare de Waterloo, célèbre bataille qui vit la victoire des Britanniques sur les Français. Un clin d'œil anglais à l'histoire. Idem si tu te rends à Trafalgar Square, très célèbre place londonienne qui emprunte son nom à la bataille navale de Trafalgar où fut anéantie l'armée napoléonienne ! Quant à la conquête de la Lune par les États-Unis, n'avait-elle pas pour but d'asseoir la grandeur de ce pays, dans un contexte de guerre froide contre l'Union soviétique ?

## La conquête ou le bonheur ?

Seulement, tu dois savoir que la valeur « conquête » n'a désormais plus bonne presse. De plus en plus contestée, elle n'est associée qu'à la guerre et à l'impérialisme, deux valeurs en soi très négatives. La bienséance consiste même à opposer la conquête et le bonheur. Si la conquête est synonyme de guerre, alors l'absence de conquête apportera la paix. Et la paix est une condition *sine qua non* au bonheur. Ne vois-tu pas dans cette négation de la conquête et de l'esprit de risque qui en découle une simplification malhonnête ?

Voilà donc l'impasse intellectuelle dans laquelle se trouvent aujourd'hui les pays riches, au premier rang desquels les Européens, plus que jamais en quête de sens. La conquête n'est plus l'objectif suprême. Cela relève du passé. Le véritable progrès consisterait à faire du bonheur l'objectif absolu. « Il n'y a pas de honte à préférer le bonheur », écrivit Albert Camus. Nous sommes donc aux prémices d'une civilisation dans laquelle le bonheur est assumé et revendiqué. Une civilisation dans laquelle le bonheur est érigé en impératif catégorique.

C'est sur ce point que je souhaite absolument attirer ton attention. Ce glissement idéologique est en effet dangereux, voire suicidaire. Il va de soi que je n'ai rien contre le fait qu'un modèle de civilisation puisse abou-

tir au bonheur et au bien-être collectifs. En revanche, il
me paraît hasardeux d'opposer le concept de bonheur à
celui de conquête. Dans l'histoire du monde, toutes les
civilisations qui se sont risquées à opérer ce glissement
moral ont périclité. Tu ne dois pas l'ignorer.

L'exemple de l'Empire romain est de ce point de vue
très éloquent. Sous l'impulsion de Jules César, puis
d'Auguste, tous les empereurs qui se sont succédé
n'ont eu de cesse que d'étendre l'empire et de s'opposer aux peuples environnants, en particulier aux Germains. La conquête et la colonisation étaient dans
« l'ADN » de cet empire qui s'étendait, à son apogée,
de l'Europe de l'Ouest à la Mésopotamie et de la
Grande-Bretagne à l'Afrique du Nord. Progressivement, des empereurs plus pacifiques prirent les rênes
de l'Empire. « Pourquoi donc s'entête-t-on à conquérir en vain la Germanie depuis des siècles ? Ne
sommes-nous pas mieux chez nous, autour de notre si
bien dénommée "Mare Nostrum" (mer Méditerranée) ? » s'interrogeaient-ils alors. C'est ainsi que la
Rome conquérante et colonisatrice évolua vers une
société du divertissement, dans laquelle la jouissance
immédiate fut érigée en principe de civilisation. C'est
cette dépravation des mœurs qu'a immortalisée
Thomas Couture dans son tableau intitulé *Les
Romains de la décadence* (exposé au musée d'Orsay),
dans lequel il décrit une orgie romaine mettant en
scène une vingtaine de protagonistes.

Au-delà de l'avènement d'une société de la jouissance
et du loisir, la décadence de l'Empire romain se mani-

feste sur de nombreux autres registres : de plus en plus
de citoyens refusent d'effectuer leur service militaire,
si bien que des mercenaires barbares sont finalement
recrutés au risque, plus tard, de déstabiliser l'équilibre
des troupes ; les richesses financières sont désormais
affectées prioritairement au bien-être et ne sont plus
productrices de nouvelles richesses ; le système politique aussi est paralysé avec des sénateurs qui s'opposent
systématiquement à toute réforme qui pourrait nuire
à leur situation personnelle... Ce qui fit dire au poète
satirique Juvénal : « Plus cruel que la guerre, le vice
s'est abattu sur Rome et venge l'univers vaincu. »

Dans l'histoire récente, la fin du leadership mondial
des Européens au profit des États-Unis d'Amérique
procède exactement de la même idée. Avant le
XXe siècle, les pays européens étaient conquérants,
souvent même belliqueux. C'est par les armes et les
rapports de force que s'est construite l'Europe, qu'ont
été définies les frontières géographiques, que la France
est devenue hexagonale. Les États-Unis, eux, procla-
maient alors leur aversion pour la guerre. Ils voyaient
plutôt dans le commerce et le libéralisme des moyens
imparables pour apaiser les relations internationales.
En l'espace de quelques décennies, les deux guerres
mondiales vinrent littéralement bouleverser la donne.
Pour l'Europe, il fallait en finir avec les nationalismes
et créer les conditions d'une paix durable. Le trauma-
tisme des deux guerres, ce « plus jamais ça », est à
l'origine de cette culture du multilatéralisme, du consensus, de la conciliation, dont le point d'orgue est la

création de l'Union européenne. Les deux guerres
mondiales ont en revanche suscité un effet tout à fait
contraire chez les Américains. Pour eux, c'est grâce à
la guerre et à la force que le monde a été libéré du
nazisme et des extrémismes. Plus que jamais, les Américains prennent conscience que l'action extérieure est
désormais à privilégier sur le repli intérieur. C'est ainsi
au nom de cette nouvelle philosophie de conquête
que s'est construit le dernier empire du monde
moderne, l'Empire américain.

## Grandeurs et décadences

Nous sommes au début des années 1950. Pendant que
la superpuissance américaine cultivait son impérialisme, l'Europe amorçait son virage décadent. Il faut
« jouir sans entrave », pour reprendre l'un des slogans
de 1968. La valeur travail est mise à mal. Le développement individuel et le bien-être personnel sont
érigés en objectifs de civilisation. L'heure est à la dimi-
nution du temps de travail et à l'abaissement de l'âge
de départ à la retraite. Les services militaires sont sup-
primés. La fonction publique est de plus en plus conservatrice. Où sont les grandes idées ? Quelle est
l'orientation collective, l'objectif commun ? Plus personne n'ose même l'évoquer, en particulier la fameuse
génération du baby-boom, celle des enfants nés après
la Seconde Guerre mondiale, qui ont vécu dans l'opu-
lence et l'absence de retenue, au point d'endetter et de
pénaliser lourdement les générations suivantes. Pour la
première fois, une génération réussit l'exploit de vivre

non seulement mieux que la génération de ses parents, mais également mieux que celle de ses enfants.

Cette génération du baby-boom est, dans les pays européens, une génération qui est dans la négation de l'esprit de conquête, dans le conservatisme et dans l'égoïsme. Le monde accélère ? Qu'à cela ne tienne, ralentissons le mouvement et inventons le principe de précaution ! Nos enfants n'ont pas les moyens de partir en vacances ? Nous nous chargerons d'accompagner nos petits-enfants aux sports d'hiver ! Nos enfants peinent à devenir propriétaires de leurs logements ? Magnanimes, diminuons l'impôt sur les successions pour leur faciliter la transmission de notre patrimoine... un jour ! Nous ne serons bientôt plus une force productive ? Faisons tout pour que l'inflation, grâce à laquelle en son temps nous avons pu devenir propriétaires, soit limitée, et faisons de ce principe l'unique mandat de la Banque centrale européenne !

Toutes proportions gardées, l'Europe contient aujourd'hui en germe les manifestations d'une décadence comparable à celle de l'Empire romain : une civilisation sans projet qui se regarde le nombril et ne cultive que son bien-être ; une rigidité étatique et une fonction publique irréformable ; enfin, des conservatismes exacerbés par l'attitude de toute une génération qui a tout sauf intérêt à changer le monde.

Quant aux États-Unis, leur pulsion conquérante et leur impérialisme sont-ils des remparts contre leur éventuelle décadence ? Cela aurait pu être le cas si les objectifs défendus avaient été clairs et limpides. Car la

question des objectifs et de l'orientation de la conquête est centrale. Dans le cas de l'Empire romain,
l'objectif était de « romaniser » les contours de la
Méditerranée selon le projet d'Auguste, c'est-à-dire
jusqu'à l'Elbe. Mais quid, dans le cas des États-Unis,
de la guerre en Irak conduite à partir de 2003 ? À
quels objectifs répondait cette offensive ? L'Irak était
en possession d'armes de destruction massive ? Faux !
Le régime irakien était complice du réseau terroriste
Al-Qaida ? Faux ! Saddam Hussein était un dictateur ? Certes, mais pas davantage que quinze ans plus
tôt, alors qu'il était soutenu par les puissances
occidentales ! Selon toute vraisemblance, donc, c'est
un désir impérieux de conquête qui a poussé les con-
servateurs américains à intervenir en Irak, et uniquement un désir de conquête, sans que celui-ci soit
gouverné par une vraie orientation. Or la conquête
pour la conquête ne mène à rien. De ce point de vue,
même si l'Empire américain demeure animé par cet
esprit de conquête, celui-ci contient également les
germes de sa décadence, tant cette conquête ne
répond à aucun véritable objectif de civilisation.

Avec une Europe égocentrique et des États-Unis
d'Amérique conquérants mais sans objectif supérieur,
l'Occident pourrait sembler en déclin, en particulier
au regard du formidable dynamisme qui règne en
Asie. Des pays tels que l'Inde ou la Chine, qui regrou-
pent à eux deux quarante pour cent de la population
mondiale, sont animés par un esprit de conquête
immense, au point d'envisager, dans le cas de la

Chine, d'envoyer un homme sur la Lune à l'horizon 2020. Ce n'est d'ailleurs pas un hasard si le président chinois Hu Jintao a été sacré par Forbes « homme le plus puissant du monde ». Contrairement à ses homologues occidentaux, il est le seul à pouvoir « détourner des rivières, construire des villes »…

Mais est-ce vraiment cela, aujourd'hui, le propre des grands hommes ? Peut-on raisonnablement penser que la conquête de l'Antarctique entreprise par certains pays afin d'y planter leur drapeau et revendiquer le pétrole présent dans les profondeurs réponde à un réel objectif de grandeur ?

### Les nouveaux territoires

Les conquêtes de demain ne sauraient se limiter aux territoires géographiques. Elles seront idéologiques. Te souviens-tu de l'exemple des philosophes des Lumières cité dans le chapitre précédent ? Eh bien cela procède de la même idée. Demain, la puissance d'un ensemble géopolitique ne se mesurera pas au nombre de porte-avions dont il dispose, mais à sa faculté d'influence, notamment au travers d'Internet et des réseaux sociaux. L'exemple qui suit te surprendra peut-être. Je t'invite cependant à le considérer, tellement cette possibilité pourrait se concrétiser d'une manière ou d'une autre dans les années à venir. Imagine. Imagine qu'un État comme la France (ou un autre) décide de mettre la main sur un réseau social tel que Facebook en procédant à sa nationalisation ? Cela est techniquement possible, dès lors que la société est cotée en bourse. Imagine quelles en seraient les conséquences, en termes d'image et d'influence ? Cela ne donnerait-il pas une possibilité inédite pour cet État d'influer sur l'histoire du monde ? Un tel réseau d'êtres humains interconnectés ne vaut-il pas potentiellement toutes les agences de renseignements du monde réunies ? Une rumeur dit que le roi d'Arabie saoudite aurait proposé cent cinquante milliards de dollars pour racheter Facebook, offre qu'a déclinée Mark Zuckerberg, le fondateur du réseau social. Il y a d'ailleurs fort à parier que les puissances du Moyen-Orient, qui ont compris l'importance d'Internet et des réseaux sociaux lors du « printemps arabe » de 2011, décident de conquérir, contre vents et marées, de nouveaux espaces dans ce monde de réseaux.

Les nouveaux territoires ne se réduisent cependant pas aux réseaux numériques. Prends l'exemple de la médecine. Jamais l'homme n'a autant été capable de repousser les limites de la vie. Toi-même, probablement, tu vivras plus de cent ans. Pourtant, il y a dix mille ans à peine, les deux tiers des êtres humains mouraient avant l'âge de trente ans. Demain, les énormes progrès de la médecine alliés à la génétique pourraient amener l'homme à vivre plusieurs centaines d'années, trois cent cinquante-huit ans disent certains. L'ADN est par ailleurs en passe d'être décodé. De nouveaux espoirs de guérison vont naître. La thérapie génique est une réalité. Ici, l'esprit de conquête est mis au service du vivant. Ne parle-t-on d'ailleurs pas de « conquête du vivant » ?

Un autre axe de conquête fabuleux concerne l'énergie. La catastrophe de Fukushima au Japon a démontré les limites d'une énergie nucléaire prétendue propre mais dont les accidents peuvent être dévastateurs. Un an plus tôt, en avril 2010, une plateforme pétrolière de la société BP explosait dans le golfe du Mexique, provoquant la pire marée noire de l'histoire. L'écosystème est durablement ravagé.

L'heure est venue pour l'homme de mettre son désir de conquête au service des grands défis écologiques, tels que la recherche d'énergies nouvelles. Car l'enjeu de cette conquête énergétique, ce n'est pas moins qu'un changement de civilisation. Selon l'échelle de Kardashev (du nom d'un astronome russe), qui compte quatre niveaux potentiels, une civilisation s'évalue avant tout en fonction de la gestion de son approvisionnement énergétique.

D'après cette échelle, nous vivons actuellement dans une civilisation de type « 0 », dans la mesure où nous utilisons les ressources intrinsèques de la planète (pétrole, charbon, etc.), au risque d'épuiser ses ressources puis de s'autodétruire. L'enjeu est donc de passer d'une civilisation de type « 0 » à une civilisation de type « 1 », à savoir une civilisation qui n'est plus autodestructrice et qui a appris à utiliser les énergies naturelles produites par la planète : vent, marées, tremblements de terre. Cette transition sera difficile. Les villes vont devoir être repensées, les moyens de transports révolutionnés. Nos modes de vie vont devoir s'adapter. Des sacrifices seront consentis.

Nous le voyons bien : qu'il s'agisse de l'énergie, du numérique ou de la santé, les nouveaux territoires à conquérir sont bien plus nombreux qu'on ne le croit. L'heure est plus que jamais à l'innovation, seul moyen d'élargir le champ du possible et de nous donner des leviers d'action. Un pays tel que la France, de ce point de vue, dispose d'un atout de taille : notre pays regorge d'ingénieurs de haut niveau formés dans de grandes écoles très prestigieuses. Ces ingénieurs, que le monde nous envie (et souvent nous débauche !) sont animés par un authentique esprit de conquête. Mais lorsque cet esprit de conquête est mal orienté, les effets peuvent se révéler dévastateurs. En l'espèce, comment se réjouir qu'un très grand nombre de nos ingénieurs choisissent d'aller exercer leurs talents de conquérants dans les salles de marché des grandes banques plutôt que dans un laboratoire, une start-up technologique ou une entreprise du secteur de l'énergie ? Une des raisons de la crise financière exceptionnelle que nous avons traversée en 2008 et 2009 procède précisément de cet esprit de conquête mal placé.

Ces nouvelles conquêtes seront très onéreuses. Mais qu'à cela ne tienne ! Si l'on veut, on peut ! À l'automne 2008, au sommet de la crise financière, les grandes puissances ont pu réunir plus d'un trillion de dollars de liquidité pour sauver le système financier. La conquête des nouveaux territoires ne vaut-elle pas de la part des États une implication comparable, voire supérieure ?

Les hommes d'État de demain seront ceux capables d'organiser et de structurer les programmes politiques

autour de ces grandes orientations, sans être prisonniers du court terme. Ils seront aussi capables de fédérer les êtres humains autour de grands projets : capter
l'énergie issue des vents et des marées, recycler l'eau
de mer en eau douce pour répondre aux problémati-
ques de développement dans le tiers-monde… Cela
est possible ! Ce n'est pas de la science-fiction !

Pour agir avec grandeur, tu auras donc besoin de
t'appuyer sur une Europe unie et politiquement intégrée. Mais tu es sceptique, car l'Europe t'agace. Tu ne
te reconnais pas en elle. Ce qui devait être une fabuleuse aventure collective s'est mué en machine technocratique, loin de ses peuples. L'Europe ne fait pas
rêver car elle n'est pas conquérante : elle se construit
davantage sur les crises que sur des idéaux. L'Europe
d'aujourd'hui n'est pas une Europe pour un projet,
mais une Europe contre des crises. Elle n'est qu'un
bouclier et un remède. Elle se définit en réaction à un
monde en mutation alors qu'elle devrait être une
fabuleuse force d'action et d'attraction.

Tu aimes profondément l'Europe. Mais tu rêves d'une
autre Europe ; d'une Europe qui te ressemble. Pour
cela, il va falloir te préparer à un choc, une révolution
européenne. Tu vas maintenant reconquérir l'Europe,
l'Europe qui t'a été volée.

Alors, es-tu prêt à faire ta révolution ?

# Chapitre 4

# La vieille Europe

Je te laisse imaginer la scène. Nous sommes le 9 mai 1950, Robert Schuman est assis, seul, sur un banc du jardin du Quai d'Orsay. Celui qui est alors ministre des Affaires étrangères de la France s'apprête à faire une annonce importante devant la presse, qui a été convoquée le matin même. La veille, il s'était longuement entretenu avec son ami Jean Monnet, qui était venu lui rendre visite au Quai d'Orsay. Quelques heures auparavant, il s'était rendu à l'Élysée pour aviser le président de la République, Vincent Auriol, du projet qu'il est sur le point de rendre public : « les États-Unis d'Europe ».

## Les États-Unis d'Europe

Cette idée n'est pas nouvelle. Victor Hugo fut le premier à la théoriser, un siècle auparavant, à l'occasion du Congrès international de la paix de Paris qui se tint en 1849. Pour Victor Hugo, tout comme pour Robert Schuman, seule une fédération des États du continent européen, au premier rang desquels la France et l'Allemagne, pouvait être de nature à assurer

la paix durablement. Il fallait donc un point de départ
à ce projet ambitieux. Ce serait la mise en commun
du charbon et de l'acier par la France et l'Allemagne.
Pourquoi le choix de ces deux matières premières ?
Tout simplement parce qu'elles sont incontournables
en cas de guerre. Les mettre en commun, c'est rendre
la guerre impossible. C'est précisément ce que Robert
Schuman s'apprête à expliquer en cette soirée du
9 mai 1950, dans le salon de l'Horloge du Quai
d'Orsay, accompagné de Jean Monnet : « La solidarité
de production qui sera ainsi nouée manifestera que
toute guerre entre la France et l'Allemagne devient
non seulement impensable, mais matériellement
impossible. »

Lors d'une réunion informelle organisée à Washington quelques mois plus tôt entre les chefs de la diplomatie américaine, anglaise et française, Robert
Schuman s'était engagé à proposer une solution à la
question du redressement de l'Allemagne avant le
10 mai, date à laquelle devait se tenir le Conseil atlan-
tique des États-Unis. Demain, donc. Il faut dire que
nous sommes quasiment jour pour jour à cinq ans de
l'armistice de la Seconde Guerre mondiale. C'est la
raison pour laquelle ces dernières semaines ont été
particulièrement chargées pour Robert Schuman et
Jean Monnet, commissaire au Plan et grand inspira-
teur du projet. Le premier mai, Monnet proposait à
Schuman un texte fondateur. Ce texte fut immédiatement transmis au chancelier allemand Adenauer, qui
l'accepta. Le traité instituant la CECA (Communauté

européenne du charbon et de l'acier) fut signé en 1951 par la France, la République fédérale d'Allemagne, l'Italie, la Belgique, le Luxembourg et les Pays-Bas. Il entra en vigueur le 23 juillet 1952 pour une durée de cinquante ans.

Le récit qui précède te démontre à quel point la destinée de la France et des autres pays européens a été scellée de façon rapide et, dirions-nous aujourd'hui, antidémocratique. Un ministre des Affaires étrangères, un commissaire au Plan et un chancelier allemand définirent quasiment à eux seuls les fondements et les bases d'un ensemble un jour appelé à devenir la première puissance économique du monde : l'Union européenne. Tout ceci sans en référer aux peuples ! Toutefois, un tel projet n'aurait sans doute pas pu aboutir s'il avait été traité de façon transparente et démocratique, tant les rivalités et animosités régnaient encore de part et d'autre du Rhin. Il en fallait de l'audace, de l'ambition et un esprit de conquête pour porter une telle idée. N'est-ce pas là le propre des grands hommes ?

Alors bien sûr, nous pouvons aujourd'hui remercier les pères fondateurs de l'Europe. L'histoire ne dira pas à quelles guerres la construction européenne nous a permis d'échapper. Mais une chose est certaine : l'Europe a œuvré au service de la paix, en étant pendant la guerre froide un rempart contre la menace soviétique. Pendant les décennies qui ont suivi, l'Europe s'est élargie. Une monnaie commune a été instaurée. L'histoire semble donc en marche.

## Je t'aime, moi non plus

Pourtant, l'Europe ne te plaît pas. L'Europe ne te passionne pas. L'Europe t'agace. Il y a d'un côté ceux qui dénoncent le caractère technocratique et ultralibéral d'un ensemble avant tout économique et financier. Ils ont raison. Il y a de l'autre côté ceux qui adhèrent à cette idée « d'États-Unis d'Europe », et qui se résignent à accepter les indispensables compromis nécessaires à l'accomplissement de ce rêve. Ils ont aussi raison. Les premiers ont voté « non » au référendum sur la Constitution européenne en 2005. Les seconds ont voté « oui ». J'avais moi-même voté en faveur de cette constitution. Non par passion, mais précisément au nom de l'idée selon laquelle la construction européenne devait continuer d'avancer, malgré ses innombrables imperfections. Le temps devait se charger de les résoudre.

Ce référendum, qui s'est finalement soldé par un « non », est à l'origine d'une fracture politique dans l'opinion française. Aujourd'hui, le « clivage gauche-droite » est obsolète. Plus personne, de bonne foi, ne peut se prévaloir d'une « idéologie de gauche » ou d'une « idéologie de droite ». Les contours sont flous. La gauche peut privatiser et baisser les impôts. La droite peut se montrer solidaire vis-à-vis des plus faibles. Le grand clivage idéologique d'un pays tel que la France est donc davantage en relation avec la question européenne et la mondialisation : il oppose d'un côté les partisans d'une Europe unie et solidaire, qui acceptent l'idée qu'elle est loin d'être parfaite, de l'autre

ceux qui ne se résignent pas à abandonner leur souveraineté à une entité obscure qui ne les représente pas.

En tout état de cause, personne ne peut se satisfaire de
l'Europe telle qu'elle est aujourd'hui. S'il n'existe pas
d'Européens de cœur et de raison, c'est qu'il doit y
avoir une anomalie de fond, un élément contre nature
qui fait que l'avènement des « États-Unis d'Europe »
est impossible. Qui peut en effet imaginer qu'une
Europe fédérale puisse voir le jour dans les prochaines
décennies ? Personne ne peut raisonnablement penser
qu'un ensemble allant de la Suède à la Grèce, du Portugal à la Turquie puisse être suffisamment homogène
pour devenir à court terme uni et indivisible.

Certains te diront que l'Europe est amenée à se développer selon un principe de cercles concentriques.
L'ensemble le plus large, correspondant à l'Union
européenne actuelle, auquel seraient ajoutés les pays
des Balkans et la Turquie, aurait avant tout une dimension commerciale. Un ensemble plus compact, correspondant aux pays ayant adopté l'euro comme
monnaie commune, aurait une dimension économique et monétaire. Enfin, un ensemble encore plus res-
treint, qui pourrait correspondre aux six pays
fondateurs de l'Europe, aurait quant à lui davantage
une dimension politique et déboucherait à terme sur
une fédération.

Dans tous les cas, ce qu'il convient d'appeler « l'axe
franco-allemand » est considéré comme un postulat
politique de base. Rien ne peut et ne pourra avancer sans la contribution active de la France et de

l'Allemagne. Cet axe, rappelons-le, est à l'origine de la construction européenne. C'est l'axe de la paix. Les grands bâtisseurs de l'Union européenne ont d'ailleurs tous connu la guerre. Tous les chefs d'État français aussi, à l'exception de Nicolas Sarkozy et de ses successeurs. Comment donc s'étonner que Valéry Giscard d'Estaing, François Mitterrand et même Jacques Chirac aient tous fait de cet axe franco-allemand le pivot de l'Europe ?

Pourtant, le postulat qui est à l'origine de la construction européenne pourrait être le même qui la verrouille aujourd'hui. Et si l'axe franco-allemand ne rendait pas impossible la naissance de cette fédération ? Et si les dés n'étaient pas pipés à la base ?

L'histoire de l'Empire romain nous donne encore une clé. Auguste, le premier empereur romain, fut l'un des hommes les plus puissants que le monde ait connus. Une grande partie de son œuvre a consisté à définir les frontières de l'Empire romain, qui correspondait peu ou prou aux pays riverains de la Méditerranée. Cependant, il éprouva les plus grandes difficultés à fixer les frontières à l'Est. La logique géographique aurait voulu que la frontière longeât le fleuve l'Elbe, depuis son embouchure sur la mer du Nord, pour rejoindre ensuite le Danube qui se déverse dans la mer Noire. Mais pour ce faire, il fallait parvenir à repousser les peuples germains situés entre le Rhin et l'Elbe, ce qu'aucun empereur romain ne parvint à réaliser durablement. Même Jules César, en son temps, n'y réussit pas ! La facilité relative avec laquelle les Romains

avaient pu occuper la Gaule laissait pourtant penser
que l'occupation de la Germanie jusqu'à l'Elbe pourrait se réaliser sans trop de difficultés. Sous l'impulsion
d'Auguste, une série de campagnes menées par Dru-
sus, Tibère et Domitius Ahenobarbus n'obtinrent que
des résultats partiels, qui furent plus tard ruinés par la
défaite que subirent les trois légions de Varus en l'an 9
dans la forêt de Teutoburg. Devenu empereur, Tibère
renonça à l'occupation permanente des pays au-delà
du Rhin et ne conserva que quelques têtes de pont.

Ainsi, il y a deux mille ans, le Rhin apparaissait
comme la frontière culturelle d'une Europe divisée en
deux ensembles bel et bien distincts : l'Empire romain
et la Germanie. Tout se passe donc comme s'il n'y
avait pas une Europe mais deux : une Europe du Sud
et une Europe du Nord. Du reste, aujourd'hui encore,
cette frontière culturelle se vérifie dans les faits.
Quand une société multinationale américaine choisit
de s'installer en Europe, elle y installe généralement
deux sièges sociaux : un siège « Europe du Sud », qui
inclut la France et qui est généralement situé à Paris
ou à Barcelone ; un siège « Europe du Nord », qui se
trouve la plupart du temps à Londres, Dublin, Francfort ou Berlin.

## Un nouveau départ

Nous devons beaucoup à l'Union européenne telle
qu'elle nous a été léguée par ses pères fondateurs. Un
cadre de paix stable et définitif, des grands projets,

une monnaie forte. Mais maintenant que les risques de guerres sont définitivement écartés, que l'Europe est une réalité économique et commerciale, n'est-il pas venu le temps de s'affranchir du postulat de base qui consiste à penser qu'une Europe fédérale et politique ne pourrait s'articuler qu'autour du couple franco-allemand ? Sans rien renier du travail accompli par nos aînés, n'est-il pas désormais nécessaire de te libérer de cette contrainte fondatrice, toi qui t'apprêtes à prendre les rênes du monde ? N'oublie pas, c'est ta génération qui bâtira l'Union européenne de demain. Pour aller plus loin, il faudra que les conditions d'un fédéralisme européen soient réunies. Mais cela est impossible. Impossible, sauf si l'on accepte l'idée que l'Europe politique ne s'organise pas autour d'un noyau mais plutôt de deux noyaux. Deux noyaux qui correspondraient davantage à l'histoire européenne, ainsi qu'à sa géographie.

Imagine. Imagine une Europe dédoublée. Une Europe du Sud et une Europe du Nord. Deux capitales : Berlin pour l'Europe du Nord et Paris pour l'Europe du Sud. Deux chefs d'État. Deux diplomaties. Une Europe latine et une Europe germanique. L'une tournée vers le Sud et les pays du Maghreb et l'autre vers l'Est, vers la Russie. N'as-tu pas le sentiment que ces deux grands ensembles correspondraient davantage aux idéaux des peuples d'Europe ? L'Europe souffre et ne suscite plus l'adhésion. Sans doute est-il venu le moment d'envisager la possibilité d'une crise institutionnelle profonde mais fondatrice.

Il ne s'agit pas de revenir en arrière, à un schéma de pays indépendants ayant chacun leur monnaie. En revanche, il est peut-être temps d'accepter de reculer pour mieux accélérer. Il est peut-être temps de définir une Europe authentique, proche des peuples. Et c'est sans doute en cela qu'un dédoublement de l'Europe en deux ensembles distincts pourrait être la solution.

Il a souvent été reproché à l'Europe de ne pas disposer d'un leadership sur la scène internationale. Et pour cause. Dire que les Français accepteraient de confier leur souveraineté à un Allemand, et inversement, relève de l'utopie ! D'où des compromis *a minima* : la Banque centrale européenne est à Francfort, mais l'un des premiers présidents de cette même Banque centrale doit être français ! La Commission est à Bruxelles, mais le Parlement est à Strasbourg ! Le président d'EADS est français, mais celui d'Airbus est allemand, etc. Lorsqu'il s'agit de désigner un président de l'Union européenne, on choisit un Belge que personne ne connaît. L'Europe est aujourd'hui un assemblage de compromis et d'accords sur la base du plus petit dénominateur commun. Et cela est en grande partie un effet pervers du fameux axe franco-allemand !

Les limites de cet axe franco-allemand sont apparues au grand jour en 2007, lorsque le président français Nicolas Sarkozy appelait de ses vœux la création d'une « Union de la Méditerranée ». À y regarder de près, les contours de ce nouvel ensemble correspondaient étrangement aux frontières de l'Empire romain. Est-

ce à dire que cette « Union de la Méditerranée » aurait
eu plus de légitimité culturelle que l'Union européenne ? Peut-être. C'est sans doute la raison pour
laquelle la chancelière allemande Angela Merkel
s'opposa violemment à ce projet et imposa comme
condition que l'ensemble des pays de l'Union européenne devaient y appartenir. Que dire d'une Union
de la Méditerranée qui inclut désormais dans ses rangs
un pays tel que la Suède ? L'Allemagne est parvenue à
ce que ce projet se vide de son sens. Tout un symbole.

## Les deux Europe

Cette double Europe, que nous pourrions appeler
« Europe duale », aurait l'avantage de résoudre largement la question du leadership européen. Un Espagnol, un Portugais, un Grec ou un Turc ne verraient
aucun inconvénient à ce que le leadership soit exercé
par la France. Un Suédois, un Hollandais ou un Polo-
nais trouveraient logique que le leadership soit assuré
par l'Allemagne.

À long terme, donc, l'Europe du Sud aurait éventuellement vocation à intégrer les pays du sud de la Méditerranée. L'Europe du Nord aura quant à elle vocation
à intégrer la Russie. Beaucoup de conditions devront
pour cela être réunies. J'y reviendrai plus loin.

L'Europe du Nord aurait aujourd'hui pour elle la
croissance économique et sa rigueur budgétaire.
L'Europe du Sud aurait pour principal atout une natalité plus dynamique.

De ces deux Europe naîtrait une bipolarité. Cette
bipolarité serait une source d'émulation inédite. La
concurrence n'est-elle pas un moteur puissant ?

Enfin, et enfin seulement, une entité commune, de
type « Union européenne », pourrait être remise sur
pied afin de faire coexister ces deux fédérations. Cette
nouvelle Union européenne s'articulerait, cette fois
pour de bonnes raisons, autour de l'axe franco-allemand, colonne vertébrale de ce nouvel ensemble. Sa
vocation serait avant tout commerciale et économique, et garantirait une libre circulation des biens et des
personnes. Elle faciliterait le développement de projets
conjoints, à l'instar des projets Ariane ou Airbus. Cette
nouvelle Union européenne, dont le siège pourrait
demeurer à Bruxelles, devra imposer des critères de
convergence économique mais aussi écologique et
démographique. Ces critères seront la garantie que les
deux Europe se développeront de façon homogène.
C'est, ne l'oublions pas, un facteur de paix.

La monnaie demeurerait commune aux deux ensembles. L'euro, malgré les critiques dont il fait l'objet,
reste une monnaie de référence sur la scène internationale. Dans ce nouveau schéma, il servirait de
ciment entre les deux ensembles européens. Une autre
hypothèse pourrait consister à supprimer l'euro pour
créer deux nouvelles monnaies propres aux deux
Europe. Les pays de l'Europe du Nord militeront dans
ce sens. En effet, si des pays tels que le Danemark, les
Pays-Bas, la Suède ou l'Autriche ont connu lors des
précédents scrutins électoraux une poussée des partis

nationalistes, c'est précisément au nom d'une peur du déclassement. Ces pays nordiques, qui n'ont été que très peu affectés par la crise financière, refusent désormais d'assumer le laxisme apparent des pays d'Europe du Sud tels que la Grèce, le Portugal et l'Espagne. C'est d'ailleurs la raison pour laquelle des forces de dislocation sont susceptibles de venir du Nord. Les pays du Sud, dans cette hypothèse, n'auraient d'autre possibilité que de s'adapter.

La Grande-Bretagne, quant à elle, resterait un ensemble souverain indépendant. Son insularité fait sa singularité. Elle n'appartiendra ni à l'Europe du Nord, ni à l'Europe du Sud. Elle prendra néanmoins toute sa part au projet économique et commercial de la nouvelle Union européenne, dont elle fera évidemment partie.

L'union fait la force, dit-on. Deux Europe fédérales et complémentaires ne valent-elles pas mieux qu'une seule Europe *a minima* ? Un tel duopole nous donnera assurément la possibilité de peser doublement sur la scène internationale. On comprend alors l'intérêt que peuvent avoir les grandes puissances de ce monde, au premier rang desquelles les États-Unis, à parasiter l'émergence de ce qu'il convient d'appeler « les deux nouveaux empires d'Europe ».

Ce qui me pousse à utiliser le mot « empire », ce n'est pas la nostalgie de l'Empire romain ou de l'Empire napoléonien. Je sais bien que, souvent dans l'histoire, les empires n'ont pas œuvré dans le sens du bien collectif. Ce n'est pas un hasard s'ils sont souvent associés à la guerre, à la colonisation et à l'autoritarisme. Mais

si je choisis malgré tout d'utiliser ce terme, c'est à titre
symbolique, parce qu'il est évocateur de grandeur, de
puissance et d'ambition. Et dans cette ère prérévolutionnaire où nous voulons entreprendre un changement drastique, nous en avons grandement besoin.

Ainsi, avec les deux nouveaux empires d'Europe,
l'Europe sera libérée de ses pesanteurs. L'*Europe*
brisée ! l'*Europe* outragée ! l'*Europe* martyrisée ! mais
l'*Europe* libérée !

# Chapitre 5

# Le dogme

Si l'organisation de l'Europe en deux entités fédérales distinctes n'a jamais été proposée ni même évoquée par nos gouvernants, c'est parce qu'elle se heurte au sacrosaint « axe franco-allemand », supposé être le ciment de l'Europe. Cette coopération économique entre deux anciens ennemis était légitime dans le passé. Je ne vais pas revenir sur la raison principale pour laquelle l'Union européenne a été inventée, à savoir l'impératif de paix durable entre la France et l'Allemagne. Mais cet objectif fondateur est-il encore justifié ? À l'évidence, nous avons ici affaire à un dogme, c'est-à-dire, pour reprendre la définition du Larousse, à une « opinion donnée comme certaine, intangible et imposée comme vérité indiscutable ». En effet, il ne se passe pas un jour sans qu'un homme politique, un économiste ou un observateur évoque la nécessité de maintenir en place cet axe franco-allemand, sans toutefois en donner la raison exacte. Chez nombre d'entre eux les compteurs semblent donc être restés figés en 1945 : l'Europe demeure un garde-fou contre la guerre et les querelles intestines. Or l'Europe du XXIᵉ siècle ne doit pas être l'Europe du XXᵉ siècle. Les peuples n'attendent plus de l'Europe qu'elle se construise en réaction à un problème ou à une crise. Ils attendent davantage de l'Europe qu'elle puisse porter un rêve, une grande idée. Cet anachronisme explique que l'Europe n'est aujourd'hui plus en phase avec ses peuples. Il est grand temps pour nos gouvernants d'en tenir compte.

Pourtant, tout le monde persiste et signe. Dans la période de tourmente économique et politique que nous connaissons, beaucoup de voix continuent de s'élever pour réclamer le renforcement de l'axe franco-allemand. Au plus fort de la crise de l'euro qui sévit durant l'automne 2011, c'était « Merkozy » qui était à la manœuvre, comme pour montrer que le président français Nicolas Sarkozy et la chancelière allemande Angela Merkel ne faisaient qu'une seule et même personne. L'idée d'un fédéralisme politique entre les deux pays fait d'ailleurs son chemin. Encore une fois, l'Europe est présentée comme la solution à un problème. Maintenant, ce n'est plus la guerre mais la crise économique et financière. L'Europe reste dans l'esprit de tous un remède, un pansement, alors qu'elle a tout pour être un fabuleux élixir d'avenir.

### Une fenêtre d'opportunité

Nous sommes à un tournant de notre histoire. Notre continent est vieillissant. La jeunesse est désemparée. Les inégalités se creusent. La croissance économique n'est plus au rendez-vous. Face à cela, les États se montrent impuissants et incapables de se projeter à

long terme. Tout se passe donc comme si notre civilisation amorçait sa phase de décadence. Face à cela,
deux voies se présenteront à nous, et plus vite qu'on
ne le croit : l'anéantissement ou la révolution.

Le scénario de l'anéantissement n'est pas à exclure.
Les civilisations vivent et meurent. La nôtre pourrait
bien s'éteindre à petit feu sous nos yeux. Ce ne sera ni
la première, ni la dernière.

L'autre hypothèse, à laquelle je crois davantage, est
celle de la révolution, du changement majeur d'orientation. Les peuples sont acquis à cette idée. Nous
vivons dans une ère prérévolutionnaire. Personne ne
peut désormais imaginer que le monde pourra longtemps continuer à tolérer le court-termisme, la cupidité, l'égoïsme, l'absence de conscience écologique…

La fenêtre d'opportunité est étroite. Des changements
majeurs devront être entrepris dans les vingt prochaines années. Mais en ouvrant la voix à un potentiel
fédéralisme franco-allemand, nos gouvernements privi-
légieraient une solution de facilité et se priveraient
d'une réflexion profonde pouvant aboutir à un résultat durable. Un fédéralisme franco-allemand, même
s'il peut se révéler être une solution de court terme à
la crise, nous ferait prendre le risque de passer à côté
de la fabuleuse opportunité que je te présente ici :
bâtir les deux empires d'Europe.

## Le risque du repli

Chez les partisans d'un fédéralisme franco-allemand, beaucoup avouent désormais que l'Union européenne est sans doute allée trop loin dans son élargissement, et qu'il est désormais temps de se concentrer sur le noyau historique. Cette remarque est pleine de bon sens : personne ne peut en effet croire qu'un fédéralisme regroupant près d'une trentaine de pays puisse être proclamé et exécuté en quelques mois. Voilà pourquoi un fédéralisme politique ne porterait aujourd'hui que sur la France et l'Allemagne.

Un tel micro-fédéralisme serait probablement bénéfique à court terme. Une fédération franco-allemande dégagerait un PIB cumulé supérieur au Japon et à la Chine, la plaçant au deuxième rang des entités politiques les plus riches du monde, après les États-Unis. L'harmonisation fiscale permettrait de dégager de nouvelles marges de manœuvre budgétaires.

Tu comprendras donc pourquoi le personnel politique, si souvent tourné vers le court terme, privilégie cette approche. Pourtant, une vision à plus long terme nous fait prendre conscience de ses limites. D'une part, et c'est sans doute le plus important, elle n'est porteuse d'aucun rêve et d'aucun idéal. Encore une fois, il s'agit d'une initiative de secours visant à limiter les conséquences d'une crise économique inédite où les marges de manœuvre se font rares. D'autre part, cet ensemble ne bénéficierait pas d'une démographie dynamique, prenant le risque évident d'une perte d'influence d'ici la fin du siècle. Le couple franco-allemand, malgré la puissance économique qu'il incarne, est l'illustration de la vieille Europe, de cette Europe où plus de la moitié de la population aura plus de soixante ans dans à peine deux décennies. Enfin, cette approche consistant à réaliser précipitamment une union fédérale entre la France et l'Allemagne aurait un effet pervers, qui pourrait se révéler redoutable : la tentation du repli. Et quoi de pire qu'une France et une Allemagne qui se replieraient sur elles-mêmes, tournant le dos à l'ensemble de leurs partenaires ?

Le passé nous enseigne que les crises économiques peuvent aboutir, par réaction en chaîne, aux pires atrocités. Souviens-toi de ce qui se produisit après la crise financière de 1929 : devant la difficulté à rétablir la croissance, les États décidèrent d'augmenter leurs barrières douanières. Ce qui devait être initialement du protectionnisme se transforma progressivement en nationalisme, donnant lieu plus tard à des débordements xénophobes. Et, nous le savons aujourd'hui, cette xénophobie a été le terreau de la barbarie.

Imagine qu'un renforcement des liens politiques entre la France et l'Allemagne soit un jour proclamé. N'est-ce pas là le pire signal qui pourrait être envoyé aux autres pays de l'Union européenne, à qui nous avons vanté depuis des décennies les mérites d'un contrat social continental ? N'auraient-ils pas le sentiment d'une arrogance des deux plus grandes puissances du continent, lesquelles sembleraient privilégier leurs propres intérêts ? Et que dire des autres pays méditerranéens, au premier rang desquels la Turquie, à qui

l'on fait miroiter depuis des décennies la perspective
d'une intégration à l'Union européenne ?

Une fédération européenne qui s'organiserait suivant
le modèle hérité de la Seconde Guerre mondiale serait
une erreur. Il est encore temps de l'éviter. Nous pouvons imaginer un nouveau modèle, qui ne remette
rien en cause de la coopération franco-allemande,
mais qui puisse apporter un vrai souffle à cette belle
idée en panne qu'est l'Europe.

## Construire dans la différence plutôt que dans la ressemblance

Pour justifier de la nécessité d'entreprendre une fédération franco-allemande, beaucoup mettront en avant
les similitudes culturelles que les deux pays ont pu
développer ces dernières décennies. Voilà encore une
vision passéiste du monde. Certes, les Français et les
Allemands se ressemblent. Certes, leurs infrastructures
routières, ferroviaires ou portuaires sont homogènes.
Certes, leurs modèles éducatifs sont similaires. Certes,
les deux économies sont très interdépendantes :
l'Allemagne est le premier partenaire commercial de
la France, et réciproquement.

On ne peut que se réjouir des liens étroits qu'entre-
tiennent la France et l'Allemagne. Mais cela ne suffit
pas à justifier une union politique. Tu dois prendre
conscience de ce qui est en jeu : définir les règles de
ce qui pourrait être un nouveau modèle de civilisation. Aucune décision ne doit donc être prise dans

l'urgence. D'autant plus que la perspective de fédération entre ces deux nations n'apporte aucune réponse aux questions fondamentales : quelle est l'orientation commune ? En quoi cette fédération sera source de richesse culturelle et d'idées nouvelles ?

Une civilisation est forcément vivante. Pour se développer, elle a besoin d'être soumise à des influences diverses, et souvent contradictoires. Aussi, devant l'enjeu qui est le nôtre aujourd'hui, il y a sans doute plus à attendre des différences que des ressemblances. Si l'on s'inscrit sur le très long terme, une influence grecque ou orientale a beaucoup plus à apporter à la France qu'une proximité avec l'Allemagne. De même, une influence des pays baltes ou des cultures nordiques a beaucoup plus à apporter à l'Allemagne qu'une proximité de fait avec la France.

Le refus de la différence mène soit à la décadence, soit à la barbarie. L'acceptation de ces différences est en revanche une source d'enrichissement mutuel, d'influence et de partage. Si tant est que nous souhaitions nous projeter dans le très long terme et repenser en profondeur notre civilisation, cela ne peut se faire que dans l'acceptation des différences.

## Une bipolarité

L'axe franco-allemand ne doit pas être le noyau autour duquel s'organisera une Europe politique. Nous avons plus à y perdre qu'à y gagner. L'idée que je te propose, à savoir une Europe duale s'articulant autour d'un empire du Nord et d'un empire du Sud, est peut-être plus audacieuse, plus difficile à mettre en œuvre, mais elle est porteuse de grandes potentialités.

Elle ne remet absolument pas en cause ce qui compte en Europe aujourd'hui : la libre circulation des biens et des personnes, la monnaie commune, les critères de convergence économique, les coopérations entre nos multinationales, les programmes étudiants d'échanges… Elle ne remet pas davantage en cause le rôle que doivent y jouer la France et l'Allemagne, piliers de cette Europe duale.

La nouveauté réside dans le fait que ces deux empires d'Europe ne s'articuleront pas autour d'un axe franco-allemand, au sens passé du terme, mais plutôt sur une dualité franco-allemande. Et cela change tout ! La France et l'Allemagne œuvreront pour les mêmes idéaux dans leur zone d'influence respective : les pays de la Méditerranée pour la France, les pays de l'Est et nordiques pour l'Allemagne.

Alors que, dans l'hypothèse d'un fédéralisme franco-allemand, l'Allemagne et la France prendraient le risque de se replier sur elles-mêmes, elles auront dans l'hypothèse de l'Europe duale la possibilité d'être en miroir, d'exercer un rôle de leadership parallèle et concerté dans deux zones géographiques distinctes.

Enfin, même si ces deux empires développent une saine concurrence commerciale, ils ne seront jamais pour autant en opposition. L'économie et la monnaie commune les rendent interdépendants. Chacun aura des comptes à rendre à l'autre. L'empire d'Europe du Nord imposera à l'empire d'Europe du Sud des critères de convergence économique, l'obligeant à contrôler sa dépense publique et son endettement. L'empire d'Europe du Sud imposera à l'empire d'Europe du Nord des critères de convergence démographique, qui le contraindront à faire de la relance de la natalité une priorité politique.

Ce n'est donc pas être anti-européen que d'imaginer un autre modèle fédéral que celui qui est aujourd'hui le plus couramment admis. Pour l'imposer, tu devras cependant te battre contre les conservatismes et les rigidités d'un système qui donne le sentiment d'être immobile et irréformable. C'est pour cela que tu auras à mener une révolution.

# Chapitre 6

# L'Europe du Sud

Imagine un groupe de personnes enchaînées dans une grotte depuis leur naissance. Le quotidien de ces femmes et de ces hommes consiste à observer des ombres projetées sur la paroi du mur qui leur fait face. Ayant toujours été enchaînés, ils n'ont aucune conscience de ce que représentent ces images furtives. Pour ces individus, ces ombres correspondent donc à une réalité, à leur réalité. Un jour, l'un d'entre eux parvient à rompre ses chaînes et réussit à sortir de la grotte. Et là, il découvre une tout autre réalité, une réalité plus complexe dont les ombres observées jusqu'alors n'étaient qu'une évocation ultrasimplifiée. Cette scène, tu la connais peut-être. Elle a été racontée par Socrate, puis relatée par Platon dans le livre VII de *La République*.

Cette allégorie de la caverne me fait penser à l'Europe. L'idée que nous nous faisons de l'Union européenne repose en effet sur trois postulats qui nous ont été imposés par l'histoire, trois postulats que nous considérons de fait comme acquis et inamovibles. L'Europe, pourquoi ? Pour éviter la guerre. L'Europe, comment ? En réalisant une intégration économique et monétaire. L'Europe, jusqu'où ? Jusqu'à ce que tous les pays européens soient intégrés.

Tout se passe donc comme si nous étions aujourd'hui enchaînés dans une caverne. Notre jeu d'ombres qui fait figure de réalité, c'est précisément cette Union européenne telle qu'elle se construit aujourd'hui. Nous sommes mal à l'aise. En particulier toi qui n'as pas encore trente ans. Tu as beau maîtriser plusieurs langues (contrairement à tes parents et à tes grands-parents), tu as beau être pour l'échange multiculturel et les relations internationales multilatérales, quelque chose ne te convient pas dans cette Europe. Mais tu as du mal à le formaliser. C'est la raison pour laquelle à chaque fois qu'il t'est donné l'occasion de t'exprimer démocratiquement sur l'Europe, tu témoignes de ce malaise en t'inscrivant en opposition contre elle. Tu te doutes bien qu'il existe une tout autre réalité. Tu imagines bien que l'Europe ne saurait se limiter à son union économique et monétaire, à sa technocratie, à son immobilisme.

## Ta première conquête

Le temps est maintenant venu pour toi de briser ces chaînes qui t'empêchent de construire l'Europe que tu veux. Tu as là une première grande conquête à mener. Et quelle conquête ! Bâtir les États-Unis d'Europe du Sud ! Mais pour cela, il va falloir que tu puisses t'affranchir des fantômes européens qui nous hantent depuis plusieurs décennies.

Je ne te demande pas de renier l'Europe de ses pères fondateurs. Il y a toujours dans l'histoire des leçons à tirer. Souviens-toi que l'Europe telle qu'elle a été initiée répondait à un objectif noble pour l'époque : la paix. Mais désormais, l'heure est venue pour l'Europe de développer un autre objectif : la croissance. Ou « les » croissances, devrais-je dire. Car l'économie ne saurait être le seul témoin de la vitalité d'un continent. Il convient également de prendre en compte une multitude d'autres aspects : le progrès sociétal, la croissance écologique, le dynamisme démographique, l'influence intellectuelle et culturelle…

Seulement, pour pouvoir créer, entreprendre ou développer, l'homme doit être libre de ses mouvements et avoir la garantie qu'il évolue dans un espace sécurisé lui permettant d'agir. Cette liberté n'existait pas lorsque l'homme était à l'état de nature : c'est pour se protéger contre les prédateurs et assaillants extérieurs que l'homme a inventé le « contrat social », garantie de paix et de sécurité. Et ce contrat social, il t'accompagne en permanence. Aujourd'hui, tu ne te préoccupes plus de ta survie. Lorsque tu te déplaces, tu n'es plus hanté par une peur permanente de la mort. Tu sais qu'il existe une police et une justice qui te protégeront contre la loi du plus fort.

L'homme est ainsi la seule espèce vivante à avoir su développer un tel contrat social. Ne l'oublie donc jamais. Ta liberté d'agir et d'entreprendre repose avant tout sur un cadre politique stable et puissant. C'est ce qui te permet de te projeter, d'imaginer, de créer.

L'avènement d'une Europe politique est donc fondamental pour ton avenir. Seule une Europe puissante,
intégrée et ambitieuse pourra t'accompagner dans la
réalisation de tes rêves et de tes objectifs personnels. Il
y a donc la nécessité d'imaginer un nouveau contrat
social qui soit adapté à ce nouvel ensemble, union
hétérogène constituée de divers peuples, aux langues,
aux histoires et aux religions différentes.

S'il ne devait y avoir qu'une seule conquête à mener,
ce serait donc celle-là : bâtir cette Europe politique,
inventer cet ensemble institutionnel qui te servira
ensuite de socle à toutes tes autres conquêtes, technologiques, numériques, biologiques, idéologiques…

Mais tu le sais maintenant, cette Europe politique ne
pourra jamais avoir les contours de l'Europe économique que tu connais aujourd'hui. Tel est le principal
tabou à faire tomber. Seule une réorganisation de
l'Europe en deux ensembles différents − Europe du
Nord et Europe du Sud − permettrait d'accomplir ce
grand projet de fédéralisme politique dans les prochaines décennies.

### L'Europe du passé et l'Europe du passif

Il n'est pas facile de se livrer à un exercice de géographie pour dire quel pays ferait partie de tel ou tel
ensemble. Il y a tant de disparités, au sein d'un même
État parfois. C'est le cas de la Suisse, par exemple,
tournée à la fois vers la France, l'Italie et l'Allemagne.
Ou de la Roumanie, de tradition latine sous l'Empire

romain ou la Révolution française, mais dont le tro-
pisme fut plus à l'est au cours du XX$^e$ siècle. Ces pays
doivent-ils faire partie de l'Europe du Nord ou de
l'Europe du Sud ?

Essayons malgré tout de tracer les contours, forcément
imprécis, de ce futur empire d'Europe du Sud, qui
nous concerne nous, Français.

Au nord, l'Europe du Sud intégrerait de façon évi-
dente le Portugal, l'Espagne, la France, la Belgique
wallonne, l'Italie, Malte, les pays de l'ex-Yougoslavie
(Slovénie, Croatie, Bosnie-Herzégovine, Monténé-
gro, Serbie, Kosovo, Macédoine), l'Albanie, la Bulga-
rie, la Grèce et Chypre. Éventuellement, la Roumanie
pourrait aussi faire partie de cet ensemble.

Au sud, l'empire s'élargirait dans un second temps aux
pays du Maghreb (Algérie, Tunisie, Maroc) puis
ensuite du Machrek (Lybie, Égypte). Les révolutions
arabes de 2011 sont sans doute, de ce point de vue,
annonciatrices de ce rapprochement. En effet, la jeunesse arabe, jusqu'alors prise en étau entre des extrémismes politiques et des extrémismes religieux, a
décidé pour la première fois de son histoire de prendre
son destin en main. Et l'on constate, au fond, qu'elle
aspire exactement aux mêmes idéaux que toi : la
liberté, la démocratie, la création. La jeunesse des pays
d'Afrique du Nord est elle aussi interconnectée et
adepte des réseaux sociaux. Elle écoute Lady Gaga et
regarde *Les experts* à la télévision. Bref, pas grand-
chose ne la sépare de toi.

À l'Est, et cela te surprendra peut-être davantage, notre nouvel ensemble intégrerait à la fois la Turquie, la Syrie, le Liban, Israël et le futur État palestinien. Je mesure à quel point le fait d'agréger ces pays à l'empire d'Europe du Sud peut te paraître audacieux. Mais ne crois-tu pas que nous avons là une opportunité inédite pour résoudre définitivement le conflit du Moyen-Orient ?

J'ai en effet la conviction que la perspective de réorganisation géopolitique induite par l'avènement d'un Empire méditerranéen ouvre de nouvelles possibilités de paix et de vivre-ensemble au Moyen-Orient.

Car, contrairement à ce que l'on pense parfois, la question de la sécurité au Moyen-Orient n'est en aucun cas religieuse : les juifs et les musulmans développent partout dans le monde une très grande proximité culturelle et affective. Les divergences sont avant tout territoriales. Quelles en sont les origines ? Il y a près de deux mille ans, les empereurs romains avaient pour ambition supérieure de « romaniser » le pourtour de la Méditerranée, c'est-à-dire d'y imposer la culture et la religion romaines. Ils n'acceptaient donc pas l'idée que les juifs puissent pratiquer librement leur culte monothéiste. C'est ce qui conduisit l'empereur Titus à détruire le Temple de Jérusalem en 70 après J.-C., ou encore l'empereur Hadrien à interdire la circoncision, considérée comme une mutilation. Cette persécution du peuple juif dura plus d'un siècle et connut son point d'orgue en l'an 135, année où les juifs furent boutés hors de Jérusalem et de Judée.

Il fallut attendre l'an 1948 pour que la communauté internationale, sous le choc de l'holocauste, décide de créer l'État d'Israël. Il s'agissait d'une part de réparer les erreurs commises sous l'Empire romain, et d'autre part d'offrir une terre à des femmes et des hommes qui furent les victimes de l'une des périodes les plus sombres de notre histoire. L'État d'Israël est donc doublement légitime. Mais il se trouve que de 135 à 1948, d'autres peuples (les Grecs, les Syriens, les Turcs, les Libanais…) sont venus habiter cette terre. Ce sont les Palestiniens d'aujourd'hui. Eux aussi sont légitimes. Eux aussi méritent un État. Voilà pourquoi Israéliens et Palestiniens sont durablement dans une impasse. La seule façon d'en sortir est d'accepter pour les deux parties de ne plus se focaliser sur la question du droit du sol. Israéliens et Palestiniens doivent définitivement cesser de se défier mutuellement et chercher ce qui les unit davantage que ce qui les divise. Tu pourrais justement me rétorquer que toutes les tentatives de paix opérées ces dernières décennies sont restées vaines. C'est la raison pour laquelle une évidence s'impose à nous aujourd'hui : la solution sera forcément différente de tout ce qui a été expérimenté jusqu'à présent. C'est ce qui me fait penser que l'empire d'Europe du Sud peut être la clé de la résolution du conflit au Proche-Orient. En acceptant de rejoindre une entité politique ambitieuse, Israéliens et Palestiniens seront de fait liés entre eux par un objectif commun. Ils prendront conscience que les nouvelles conquêtes à mener sont infinies, et dans tous les domaines : technologique, scientifique, culturel, intellectuel… Ils réaliseront à quel point les rivalités de frontières auxquelles ils se livrent sont dérisoires. Ils pourront alors prendre à leur compte la célèbre formule de Saint-Exupéry : « Pour construire l'avenir, il faut cesser de se regarder l'un l'autre, mais regarder ensemble dans la même direction. »

L'Europe du Sud telle que je viens de la décrire formera ainsi un ensemble d'environ cinq cents millions de personnes. Les deux religions principales seront la religion catholique et la religion musulmane, cette dernière pouvant à terme devenir majoritaire du fait d'une démographie plus dynamique. Pour que la question religieuse ne se transforme jamais en problème, le nouvel empire devra faire de la laïcité un principe fondamental. Libre à chacun de pratiquer sa religion, à condition seulement qu'elle ne soit imposée d'aucune façon à l'autre. De ce point de vue, force est de reconnaître que les pays dits « musulmans » qui ont vocation à intégrer ce nouvel ensemble ont encore du chemin à faire. Un exemple, parmi de nombreux autres, qui te montre à quel point ces pays sont encore loin de s'être approprié le principe de laïcité : dans le code pénal marocain, un article stipule que « tout individu notoirement connu pour son appartenance à l'Islam qui rompt ostensiblement le jeûne dans un lieu public pendant le Ramadan est passible de un à six mois d'emprisonnement et d'une amende ». Mais je suis confiant : les révolutions arabes, même si elles n'ont abouti à aucun changement politique majeur, ont démontré que la jeunesse de ces pays, prête à mourir pour la démocratie et la liberté, ne cédera jamais aux sirènes des extrémistes religieux.

La principale difficulté à laquelle sera confronté l'empire d'Europe du Sud sera économique. L'ensemble ne disposera en effet que de trois zones d'économies dynamiques : la France, l'Italie, Israël. Les autres pays, qu'ils soient du nord de la Méditerranée (Espagne, Portugal, Grèce) ou du sud (Algérie, Tunisie, Maroc) sont surendettés, rongés par la corruption, l'économie souterraine ou la mauvaise gestion selon les cas. Cet argument est d'ailleurs celui que brandissent les partis anti-européens dans les pays d'Europe du Nord, fatigués de devoir financer le laxisme des pays du Sud.

Si l'Europe du Sud fait figure d'« Europe du passif », l'Europe du Nord fait quant à elle figure d'« Europe du passé ». Et cela est bien plus inquiétant. En effet, si l'Europe du Sud bénéficie d'une fécondité permettant largement le renouvellement des générations (plus de 2,1 enfants par femme), les pays d'Europe du Nord sont dans une situation préoccupante. Ces pays vieillissent à une vitesse inédite. En 1983, le philosophe Raymond Aron disait déjà que les Européens étaient « en train de se suicider par la dénatalité ». Le cas le plus éloquent est sans doute celui de l'Allemagne, première puissance économique du continent, dont la population pourrait tout simplement disparaître d'ici trois siècles… Avec une natalité dynamique et une jeunesse nombreuse et interconnectée, l'empire d'Europe du Sud sera donc de fait l'Europe de l'avenir, l'Europe de la jeunesse. Et donc, par conséquent, l'Europe de l'innovation et de la création, qui sont deux qualités propres à la jeunesse. Mais ce nouvel ensemble dispose de bien d'autres atouts.

Le premier d'entre eux réside dans sa configuration géographique même. Le bassin méditerranéen est depuis toujours une zone bénie des dieux. Il bénéficie d'un climat tempéré très favorable à l'agriculture, au nord comme au sud, et est globalement protégé contre les aléas météorologiques (tempêtes tropicales, tornades, ouragans, tsunamis). Il réunit à quelques heures de vol des capitales régionales à très fort potentiel d'innovation : Lisbonne, Barcelone, Marseille, Alger, Casablanca, Turin, Milan, Tunis, mais aussi Alexandrie, Damas et Tel-Aviv.

Un autre atout de l'empire d'Europe du Sud réside dans sa culture. Un proverbe sénégalais disait : « Si tu veux savoir où tu vas, retourne-toi et regarde d'où tu viens. » Aucune autre zone géographique du monde ne peut se targuer d'avoir un héritage culturel et historique aussi dense et riche. Aussi, tu pourras largement t'inspirer, et souvent aussi critiquer, les expérimentations d'unions politiques que nos ancêtres ont conduites et qui ont finalement échoué : la Grèce antique, l'Empire romain, l'Empire ottoman, la Mésopotamie, l'épopée napoléonienne…

## La grandeur de la France

La reconquête de l'Europe que tu vas conduire ne ressemblera pas aux précédentes conquêtes que je viens de citer. Et cela pour une raison majeure : elle se fera

avant tout par la volonté des peuples et sans recourir
aux armes. C'est en cela qu'Internet jouera un rôle
clé. Parles-en, diffuse cette grande idée d'empire
d'Europe du Sud, partage-la sur les réseaux, et ce
jusqu'au moment où elle suscitera une adhésion glo-
bale des peuples. Il faudra plusieurs années, plusieurs
décennies peut-être.

Ensuite seulement, cette idée devra être portée politiquement. Mais ne sois pas naïf : jamais l'organisation
d'un sommet du type « Union pour la Méditerranée »
ne permettra de réunir un consensus sur une telle
idée. Tu dois savoir que la politique a souvent du
retard sur les mouvements d'opinion collectifs. Il y a
donc une très forte probabilité pour que cette idée
d'empire d'Europe du Sud se confronte rapidement à
la rigidité et aux conservatismes des gouvernements et
des partis politiques en place, qui lui trouveront tous
les inconvénients du monde.

Et c'est là que la France doit jouer son rôle. Il est en
effet fondamental qu'un pays, et en particulier un chef
d'État, prenne à bras-le-corps ce sujet, quitte à en faire
l'enjeu majeur de son mandat. Voilà ce que j'appelle
agir avec grandeur. Le jour où une personne se pré-
sentera à une élection présidentielle et dira : « L'enjeu
de mon mandat, c'est de réunir un consensus international sur la fondation d'une nouvelle Europe du Sud
fédérale », alors nous pourrons dire que nous avons là
quelqu'un qui agit avec grandeur.

N'est-ce pas là un but fondamental, de nature à nous
accompagner sur plusieurs décennies ? Un but qui

ensuite donnera un nouveau cadre politique à la réalisation d'autres objectifs ?

Au-delà du rôle de leadership qu'elle doit exercer dans
la mise en place de ce nouvel ensemble politique, la
France aura également un rôle fondamental à jouer
une fois l'empire mis sur pied. La France devra résolument assumer son nouveau statut de chef de file de
l'Europe du Sud, et cela pour plusieurs raisons.
D'abord, la France représentera de loin la plus importante économie de cet ensemble et son premier
contributeur économique. La France, seule grande
puissance militaire de l'empire, sera la garante de la
sécurité de celui-ci. Elle sera la seule à disposer d'un
siège permanent au Conseil de sécurité des Nations
unies. De plus, son histoire récente (notamment celle
du XX$^e$ siècle) la rapproche des pays d'Afrique du
Nord, dans lesquels le français est encore une langue
très utilisée. Enfin, je rappelle que la mise en place de
cette entité politique qu'est l'empire d'Europe du Sud
repose sur une relation étroite avec l'empire d'Europe
du Nord, au sein d'une entité commune qui demeure
l'Union européenne (Europe du Nord avec qui nous
continuons, je le rappelle aussi, de partager la même
monnaie, l'euro). La France restera donc le pivot, la
colonne vertébrale (avec l'Allemagne dans l'empire
d'Europe du Nord) de cette union continentale
garante de paix et de développement.

À toi, enfant du Maroc, d'Algérie, de Tunisie, de
Libye ou d'Égypte, je voudrais dire ceci : accepte la
main que te tendra la France. Je sais que beaucoup

chez toi sont dans une attitude de défiance vis-à-vis de notre pays. Je comprends bien que la colonisation a laissé des traces. Mais le monde a changé. Sois assuré que le projet que nous te proposons n'est animé par aucune arrière-pensée colonialiste.

Le leadership nécessaire qu'exercera la France ne devra surtout jamais être perçu par les autres États de l'empire d'Europe du Sud comme de l'arrogance ou du néocolonialisme. À aucun moment la France ne devra donner le sentiment qu'elle préserve avant tout ses propres intérêts. Il sera de ce point de vue fondamental de capitaliser sur la crédibilité de l'image de la France et de sa diplomatie. La France qui portera cette grande idée, ce ne sera pas la France guerrière et arrogante de Napoléon. Ce sera davantage la France de Charles de Gaulle, celle qui refusa de se soumettre au diktat de l'Otan, et aussi celle qui mit fin à plus d'un siècle de colonisation. Ce sera celle de François Mitterrand, main dans la main avec Helmut Kohl à Verdun en 1984. Ce sera la France de Jacques Chirac, lorsqu'il s'opposa frontalement aux États-Unis de George Bush en 2003 à l'occasion de la guerre en Irak. Ce sera aussi la France de Nicolas Sarkozy, qui intervint militairement en Libye pour neutraliser un dictateur qui bombardait son propre peuple. Crois-moi, cette France-là, animée par des convictions profondes et une volonté d'agir, c'est la France que le monde attend. Cette France-là est la seule qui pourra porter le projet politique d'envergure que je décris ici.

## Un nouveau cadre institutionnel

Tu l'as constaté, à chaque fois que j'évoque ce grand ensemble d'Europe du Sud, j'utilise le terme « empire ». J'aime ce mot. J'y suis attaché parce qu'il véhicule des valeurs qui font cruellement défaut dans l'Europe d'aujourd'hui : la puissance, la force, la grandeur, le leadership, l'ambition, l'avenir…

Pourtant, loin de moi l'envie de soutenir l'avènement d'un empire au sens institutionnel et traditionnel du terme. Dans l'histoire, l'empire a toujours été associé, avec raison, à des valeurs négatives : l'impérialisme, la colonisation, la guerre, la violence, la dictature… Si j'utilise ce terme, c'est donc uniquement à titre symbolique, parce qu'il porte en lui une dimension révolutionnaire et la possibilité d'un changement radical. Et nous en avons besoin.

L'Europe du Sud devra donc être organisée non pas tel un empire, mais selon un modèle de république présidentielle. Pour y avoir beaucoup réfléchi, et évalué l'opportunité d'un empire raisonné, d'une monarchie (avec peu de conviction), d'une république parlementaire, j'en suis arrivé à la conclusion selon laquelle le modèle le plus abouti est celui d'une république « à la française », intégrant certaines dimensions du système politique américain, notamment sur le mode de scrutin du président.

Il est de bon ton, en France, de décrier le régime de la Cinquième République, sous lequel nous vivons depuis 1958. De nombreuses personnalités politiques

en appellent même à un bouleversement radical de
nos institutions, qui pourrait porter le nom de
Sixième République. J'ai toujours été assez agacé par
cette fronde contre nos institutions. Les institutions
n'ont en effet pas vocation à créer des idées (contrairement peut-être à ce que souhaiteraient certains
hommes politiques en manque d'inspiration), mais
plutôt à donner des outils pour les mettre en œuvre.
C'est la raison pour laquelle je t'invite vivement à te
méfier de ceux qui n'ont pour seul programme que la
redéfinition des règles du jeu.

Or il se trouve que la Cinquième République s'est
révélée avoir une capacité d'adaptation hors du
commun depuis sa création. Elle a su en effet surmonter des crises graves, telles que le putsch d'avril 1961
ou les événements de mai 1968. Elle a parfaitement
accompagné la période mouvementée qu'était la
décolonisation. La Cinquième République a autorisé
l'alternance politique entre la gauche et la droite, et
permis à trois reprises la cohabitation (en 1986, 1993
et 1997). Plus récemment encore, la Cinquième
République a parfaitement su surmonter le choc élec-
toral créé par la présence du candidat d'extrême droite
à l'élection présidentielle de 2002.

La Cinquième République, parce qu'elle combine un
couple exécutif composé d'un président et d'un Premier ministre, et une séparation des pouvoirs entre
l'exécutif et le législatif, offre un cadre plus stable que
le modèle américain. L'histoire récente des États-Unis
(quand le Congrès a refusé au président Barack

Obama de rehausser le plafond de la dette, durant l'été 2011) a en effet montré que lorsque le Congrès décide de s'opposer au président, et qu'aucun des deux ne veut céder, le pays se retrouve dans un état de paralysie totale. Scénario totalement impossible en France.

Si le modèle français de la Cinquième République semble être adapté pour régir l'empire d'Europe du Sud, l'élection du président devra en revanche sans doute s'inspirer du modèle américain. En quoi consiste ce modèle ? Les électeurs votent pour un certain nombre de grands électeurs dans leur État. Si la majorité est atteinte dans cet État, alors tous les grands électeurs de cet État sont attribués au candidat soutenu par eux. Ce sont ensuite ces grands électeurs qui élisent directement le président. Ce modèle est particulièrement efficace dans une fédération d'États, ce qui sera forcément le cas de l'Europe du Sud. Il a l'avantage d'éviter qu'un président ne soit élu que par une poignée d'États très peuplés dans lesquels il serait ultramajoritaire. Ce garde-fou est fondamental et permettra de garantir l'intégrité de l'empire.

Mis à part le mode de scrutin du président, tous les principes de la Cinquième République s'appliqueront donc : un président élu garant de l'orientation (entendez par là « projet de civilisation »). Mais son mandat pourra être porté à neuf ans, non renouvelable, de sorte qu'il puisse ancrer son action sur le long terme et ne soit pas prisonnier du court terme ; un domaine « réservé » au chef de l'État : la Défense et les Affaires

étrangères ; un Premier ministre qui gouverne, res-
ponsable devant le Parlement ; une séparation des
pouvoirs entre l'exécutif, le législatif et le judiciaire ;
enfin, la laïcité.

Tout ceci ne relève pas de la science-fiction. Tu n'as
pas trente ans et tu as envie d'agir. Tu sais que tout est
possible à condition de le vouloir intimement (souviens-toi de l'exemple du jeune Charles de Gaulle
dont je t'ai parlé). Tu es conquérant et fougueux. Tu
ne veux pas t'associer à la décadence de cette civilisation vieillissante sans orientation ni objectif. Tu es
animé par une pulsion révolutionnaire. Sache alors
que tu as avec ce projet, embryonnaire je te le con-
cède, une orientation majeure qui pourra porter tous
tes projets futurs. À toi de jouer.

# Chapitre 7

# L'Empire

Tu as la chance d'avoir grandi dans un monde de paix. Contrairement à la génération qui t'a précédé, tu n'as plus en toi les traumatismes de 1945 et de la guerre froide. Tu démarres dans la vie avec un regard neuf sur le monde. Même si tu ne nies pas la nécessité du devoir de mémoire, l'impératif de paix n'est plus ton obsession. La création de l'Union européenne, l'interdépendance économique et la monnaie commune qui en découlent empêchent désormais tout conflit militaire en son sein.

Pourtant, même si ta vie n'est plus en danger, tu es aujourd'hui plus que jamais inquiet de ton avenir. Tu ne sais pas où tu vas, et tu ne sais pas davantage où va le monde. Tu développes en toi une envie irrépressible d'accéder à un niveau supérieur de civilisation. Tu aspires à découvrir de nouveaux horizons, et un désir de conquête se réveille en toi. Or la conquête nécessite un cadre politique pour être portée. L'Europe aurait pu être ce cadre. Mais, en l'état actuel, ce n'est pas le cas.

## Un rendez-vous avec l'histoire

Il faut regarder la réalité en face : une division est déjà en train de s'installer en Europe. Et elle n'émane pas du Sud mais plutôt du Nord. Les pays d'Europe du Nord acceptent de moins en moins le laxisme économique apparent des pays du Sud. Cela explique largement le regain de nationalisme dans les pays d'Europe du Nord, qui ont le sentiment de travailler pour les Grecs, les Espagnols, les Italiens, les Portugais... Plus préoccupant, il est maintenant connu que l'Allemagne a d'ores et déjà préparé un plan de sortie de l'euro, qui prévoit la création d'un « euro + », plus puissant et plus vertueux que l'euro plombé par les pays du Sud.

Si une scission de l'Europe devait se produire, elle ne viendrait donc pas des pays du Sud, mais plus vraisemblablement de ceux du Nord, et en particulier de l'Allemagne. Nous sommes dans l'obligation d'anticiper ce risque. N'en ayons pas peur pour autant : toute crise porte en elle les germes d'une opportunité et d'un changement drastique. Nous avons rendez-vous avec l'histoire.

Le projet d'empire d'Europe du Sud est à la fois conservateur et révolutionnaire. Il est conservateur parce qu'il ne remet nullement en cause les acquis du passé : l'Union européenne, le libre-échange, la monnaie unique, la coopération étroite entre la France et l'Allemagne, le programme étudiant Erasmus... Il est cependant aussi révolutionnaire car il pose les bases d'un fédéralisme futur dont le socle géographique n'est pas le continent européen mais la Méditerranée, berceau de toutes les civilisations, fabuleux ciment culturel entre les peuples.

L'avènement de ce grand empire d'Europe du Sud prendra plusieurs décennies et sera forcément progressif. On peut tout à fait imaginer un rapprochement fédéral à court terme de la France et de l'Italie, deux pays très proches par leur culture et leur économie. L'Espagne pourrait rapidement rejoindre cet ensemble, suivie du Portugal, de la Grèce, de Chypre et de Malte. Les pays des Balkans viendraient rejoindre cet ensemble dans un second temps. Enfin seulement, au bout d'un long processus, nous rejoindrions la Turquie ainsi que les pays de l'Afrique du Nord.

Cette agrégation de la Turquie, des pays du Maghreb et du Machrek sera l'étape la plus audacieuse de la construction de l'empire d'Europe du Sud. Je mesure à quel point ce sujet est délicat. Déjà, lorsqu'il était question il y a quelques années de proposer à la Turquie un processus d'intégration à l'Union européenne sur une durée de vingt ans, les opinions publiques d'Europe s'enflammèrent. On pointait alors du doigt les risques que pourrait induire la présence d'un pays musulman dans un ensemble géopolitique aux racines judéo-chrétiennes.

Comme tous les jeunes de ta génération, tu es ouvert sur le monde. Tu conçois l'humanité comme une et indivisible. Les frontières géographiques n'ont pour toi aucun sens politique. Tu as la chance de pouvoir voyager ou tu rêves de le faire. Tu te réjouis de ce que les autres cultures peuvent t'apporter. Peut-être feras-tu une partie de tes études en dehors de ton pays d'origine. Tu es un citoyen du monde. Jamais dans l'histoire de l'humanité le multiculturalisme n'aura été hissé à un niveau aussi élevé. À l'instar des jeunes de ta génération (et de tous les pays), tu développes un esprit d'ouverture et de tolérance inégalé. Tu n'as pas peur des idées nouvelles. Tu en as même intimement besoin pour avancer. Aussi, il y a de fortes chances que tu accueilles ce projet d'empire d'Europe du Sud avec plus d'enthousiasme que tes aînés.

## Le péril arabe

Il est en effet probable que tes parents et tes grands-parents adhèrent plus difficilement à l'idée d'un fédéralisme regroupant à terme l'ensemble des pays du bassin méditerranéen. Nous devons les comprendre. Il est vrai que les pays du Maghreb et du Machrek n'ont pas nécessairement véhiculé une image positive ces dernières décennies. Lorsque l'on évoque l'Afrique du Nord, beaucoup pensent d'abord aux intégrismes religieux et aux traumatismes indélébiles qu'ils ont engendrés : le détournement de l'airbus d'Air France en 1994, les attentats terroristes, la décapitation des moines de Tibhirine en 1996… On ne peut également ment faire abstraction de la corruption encore présente dans toutes les structures économiques et politiques de ces pays. On ne peut davantage ignorer que ces états policiers et militaires continuent de cultiver les inégalités et les injustices pour se maintenir au pouvoir. Enfin, on peut légitimement s'interroger sur les conséquences d'une démographie galopante, et sur l'absence de débouchés économiques pour toute une jeunesse que l'on imagine condamnée à l'oisiveté.

Cette jeunesse a longtemps été un vrai motif d'inquiétude. En effet, il y a quelques années, la très forte proportion de jeunes dans la population d'Afrique du Nord était présentée comme une menace. « Que vont devenir ces jeunes une fois adultes ? Ne sont-ils pas voués à être au chômage toute leur vie ? Vont-ils se faire embrigader par les extrémismes religieux ? » se demandait-on alors avec inquiétude. Ces craintes étaient éminemment justifiées il y a vingt ans. Les adolescents de l'époque n'ont connu que des régimes politiques autoritaires qui ne laissaient aucune place à la liberté d'expression. Ils ne bénéficiaient d'aucun accès à l'information, à l'exception des télévisions nationales d'État tenues d'une main de fer par le régime. Sans aucune perspective ni projet, ils étaient pris en étau entre ces gouvernements autoritaires et les extrémistes religieux prosélytes qui faisaient croire que la religion était la solution à tous les maux. C'est encore cette image de la jeunesse arabe qui est ancrée dans l'inconscient collectif en France, et dans les autres démocraties.

Pourtant, les choses évoluent à une vitesse impressionnante. Les révolutions arabes de 2011 ont démontré à quel point la jeunesse de ces pays est la clé de la résonance démocratique qui est à l'œuvre.

À la différence des années 1990, les jeunes des pays arabes, et d'une façon générale des pays émergents, manient parfaitement les nouvelles technologies. Ils sont interconnectés, passent un temps considérable à naviguer sur les réseaux sociaux et communiquent entre eux par texto. C'est leur espace de liberté. Autrefois, pour renverser un régime, il fallait d'abord faire le siège de la télévision nationale. C'était l'unique moyen de prendre le contrôle de l'outil de pouvoir par excellence : l'information. Aujourd'hui, qu'importe la télévision ! L'information est diffuse, non canalisée, dispersée. Elle appartient aux réseaux.

Ce qui se déroule en ce moment dans les pays arabes est un mouvement puissant qui s'apparente à ce que connut l'occident dans les années 1920. Après la Première Guerre mondiale, alors que l'Europe enterrait à peine ses morts, un nouveau souffle d'optimisme envahit l'Occident. C'étaient les « années folles ». Ce tourbillon culturel emportait tout sur son passage. La guerre était reléguée au passé, et l'heure était au jazz et au charleston. Les femmes se mettaient à fumer. On inventait les cabarets.

L'Afrique du Nord est aujourd'hui sur le point de vivre de telles années. Un vent de liberté inédit est à l'œuvre. Et contrairement à ce que certains pourraient penser, le modèle de développement auquel aspirent les jeunes Maghrébins est largement imprégné d'occidentalisme. La jeunesse orientale regarde en effet davantage vers les pays européens que vers ceux du Moyen-Orient. Un symbole : la première chaîne de télévision algérienne n'est ni la télévision nationale, ni même Al Jazeera. C'est TF1 ! Autre symbole : lors des révolutions arabes de 2011, aucun drapeau israélien ni américain n'a été brûlé. L'heure n'est plus à la défiance mais à la construction d'un avenir. Même le conflit israélo-palestinien, qui a cristallisé tant de rancœurs, est désormais considéré comme une relique qui appartient à un monde révolu, qu'il conviendra de solder tôt ou tard mais qui ne suscite plus la haine et le rejet de l'autre.

Voilà pourquoi ces peuples ont leur place dans le grand Empire méditerranéen qui va s'organiser. Il va de soi que les conditions ne sont pas encore réunies. Les disparités culturelles sont trop importantes. Mais un tel projet ne peut se concevoir que dans la durée. Qui aurait cru, en 1945, que les Français et les Allemands allaient développer une telle proximité en moins de trente ans ? Ou encore les Japonais et les Américains, les uns ayant bombardé la base de Pearl Harbor et les autres largué la bombe suprême sur Hiroshima et Nagasaki ? Qui aurait cru que l'Espagne, sortie du franquisme en 1977, deviendrait en aussi peu de temps une démocratie dynamique, attractive, ainsi que la deuxième destination touristique du monde ?

Si l'Europe tend la main aux pays d'Afrique du Nord, si elle accepte de les accompagner dans leur développement économique et démocratique, alors ces pays pourront se muer, en quelques décennies, en des démocraties modernes et dynamiques. Et l'empire naissant d'Europe du Sud aura alors tout intérêt à les convaincre de la rejoindre.

## Force d'attraction

Parmi les peurs et les angoisses de tes parents et de tes grands-parents, il y a la crainte de l'immigration. Certains pourraient en effet redouter qu'un fédéralisme « euro-méditerranéen » ouvre la voie à une immigration massive des populations d'Afrique du Nord vers les pays d'Europe du Sud. En France, souvenons-nous des conséquences de l'immigration mal gérée des années 1960, qui a abouti à la ghettoïsation de ces populations dans des banlieues, devenues plus tard des zones de non-droit dans lesquelles les lois de la république ne sont même plus appliquées. Personne ne veut reproduire ces erreurs, dont nous payons encore les conséquences aujourd'hui.

La crainte d'une immigration massive serait donc justifiée si l'avènement de cet empire devait intervenir aujourd'hui. Mais ce n'est pas le cas. Je pars du postulat que les pays d'Afrique du Nord devraient connaître un boom démocratique, économique et culturel de très grande ampleur ces prochaines décennies. C'est, naturellement, une condition absolue pour les associer à l'empire.

L'étude des flux migratoires n'est pas une science exacte. Il y a quelques années, on parlait, dans le cas de la France, d'exode rural : les jeunes populations quittaient la campagne et rejoignaient les villes, symboles de réussite professionnelle et sociale. Aujourd'hui, les mouvements migratoires se sont tout bonnement inversés. Les villes, lieux de concentration de pollution, de stress et de chômage, se dépeuplent. La jeunesse aspire à une autre qualité de vie. Les nouvelles technologies d'information et de communication leur permettent de penser leur vie autrement. Nous vivons une période d'exode urbain sans précédent.

C'est un tel renversement des flux migratoires qui se produira dans les prochaines décennies entre le Maghreb et l'Europe. Si le Maghreb est aujourd'hui une zone d'émigration (que l'on quitte), elle pourrait bien rapidement devenir une zone d'immigration (que l'on rejoint). Cette évolution s'opérera en trois temps.

Dans un premier temps, les jeunes populations arabes ne ressentiront plus le besoin impérieux d'émigrer pour réussir leur vie personnelle et professionnelle. Convaincus que la réussite est accessible à tous, et que les projets à entreprendre dans leurs régions (tant dans l'immobilier que dans l'industrie ou dans les services) sont immenses, les jeunes des pays du Maghreb découvriront les plaisirs et l'accomplissement que procurent l'entrepreneuriat et la création.

Dans un second temps, les jeunes originaires de ces pays ayant grandi et étudié en Europe considéreront avec intérêt la possibilité de retourner s'installer dans leur pays d'origine, où les opportunités d'affaires seront légion et où le climat est si doux. Il a d'ailleurs souvent été reproché aux pays occidentaux de piller la matière grise des pays du Sud. Juste retour des choses, cette jeunesse formée en Europe, occidentalisée dans sa culture et son savoir, pourrait bien apporter un nouveau souffle aux pays du Maghreb.

Enfin, dans un troisième temps, les Européens eux-mêmes iront investir les pays d'Afrique du Nord. L'enjeu sera d'abord commercial et industriel. Nul ne pourra ignorer les perspectives de développement de cette région en très forte croissance. Les Chinois, de ce point de vue, ont d'ores et déjà un temps d'avance sur nous, Européens. Si tu visites un pays tel que l'Algérie, tu constateras à quel point les Asiatiques y sont déjà présents, convaincus du potentiel que représentera un jour ce pays. L'enjeu sera aussi touristique. La population européenne est vieillissante. Un Européen sur trois a plus de soixante ans. Les enfants du baby-boom, qui ne se sont privés de rien, aspirent à une retraite dorée. Il n'y a aucun doute sur le fait qu'une Afrique du Nord prospère et apaisée les charmera. Les plus privilégiés d'entre eux ont déjà fait de Marrakech, au Maroc, leur seconde maison. Et cela n'est qu'un début : une température moyenne annuelle de vingt degrés, plus de trois cents jours de soleil par an, des territoires encore vierges de toute construction, et tout cela à moins de deux heures de vol de n'importe quelle ville d'Europe du Sud… N'est-ce pas là une maison de retraite enviable ?

## Accepter les différences

Un jour viendra, peut-être plus vite qu'on ne le croit, où le développement des pays d'Afrique du Nord rendra possible leur intégration à un empire d'Europe du Sud.

Un tel empire sera ainsi forcément multilingue et multiculturel. C'est ce qui fera sa force. Cela fait bien longtemps, d'ailleurs, qu'un ensemble politique n'a pas développé en son sein plusieurs cultures, qui s'influencent et s'enrichissent les unes des autres. Le pire qui puisse arriver à l'empire d'Europe du Sud, c'est que les différentes cultures qui la composent se neutralisent, s'annihilent. La différence est une richesse qu'il faut cultiver. Nous avons tout à y gagner. À condition, toutefois, que nous soyons tous dans un esprit de tolérance.

Derrière la question de l'acceptation des différences, il y a un dernier tabou à faire tomber : le rapport à la religion. On attribue à André Malraux la formule selon laquelle le XXIᵉ siècle serait religieux ou ne serait pas. Les attentats du 11 septembre 2001 ont consacré l'idée d'un possible choc des civilisations, et d'un péril islamique. Ce risque n'est pas à écarter. C'est la raison pour laquelle l'empire d'Europe du Sud se constituera autour de principes laïcs. Chacun sera libre de pratiquer sa foi, à condition de ne pas l'imposer aux autres.

Mais la religion n'est pas qu'une question de conviction et de foi. Elle est aussi associée à des pratiques. Et ces pratiques, qui sont historiquement religieuses, se sont progressivement muées en pratiques culturelles. Prenons par exemple la fête de Noël, moment hautement symbolique de la religion chrétienne. Si bon nombre de chrétiens continuent à voir dans Noël un événement religieux fondamental, cette célébration est considérée par la majeure partie des Français comme un événement culturel, voire populaire. Aussi, même dans un pays laïc tel que la France, Noël est un jour férié. Mais Noël ne revêt pas la même importance pour tout le monde. Savais-tu que dans certaines régions françaises, comme l'Alsace, la fête de la Saint-Nicolas, qui a lieu le 6 décembre, est davantage célébrée que Noël ? Cette date y est d'ailleurs fériée, tout comme le 26 décembre, jour de la Saint-Étienne ! Tu conviendras que le fait que le 6 décembre et le 26 décembre soient fériés en Alsace pour des questions culturelles (davantage que religieuses, du reste) ne semble pas nuire à la concorde nationale.

Aussi, même dans un empire d'Europe du Sud qui inclurait des pays arabes, les pratiques religieuses, quelles qu'elles soient, devront pouvoir s'exercer librement. Il faudra donc accepter les spécificités régionales. Noël peut tout à fait être un jour férié dans les pays d'Europe, et pas dans ceux du Maghreb. La Saint-Nicolas peut tout à fait être célébrée et faire l'objet d'un jour férié dans l'Est et le Nord de la France, et pas ailleurs. Le mois du ramadan ou la fête de l'Aïd devront continuer à être célébrés dans les pays arabes, sans toutefois qu'ils soient imposés aux pays d'Europe. De même pour les fêtes d'Hanouka, Roch Hachana ou Pessah en Israël.

Poursuivons le raisonnement. Il est, dans la religion musulmane, un rite qui consiste à sacrifier un mouton à l'occasion de la fête de l'Aïd El Kebir. Dans le nouvel empire d'Europe du Sud auquel ils appartiendront, les pays arabes devront pouvoir continuer cette pratique, et cela quel que soit le jugement moral que nous pourrions en avoir, nous, Européens. C'est là où l'esprit de tolérance doit l'emporter. En ce qui me concerne, par exemple, je suis contre les corridas, ces spectacles d'un autre temps qui se terminent par la mise à mort d'un taureau. Ce rituel est pourtant très répandu dans le Sud-Ouest de la France. Si je devais rencontrer un adepte de tauromachie, je pourrais tout à fait lui exposer les raisons pour lesquelles je n'adhère pas à cette pratique, et lui fournir des arguments pour l'inciter à la faire cesser. De son côté, celui-ci me fournira de nombreux arguments pour me faire prendre conscience de mon ignorance culturelle. Mais au-delà de ce sujet qui à l'évidence ne nous réunit pas, nous avons probablement la même vision du monde et partageons un très grand nombre de valeurs communes. Même si l'un et l'autre nous développons des convictions totalement opposées sur la tauromachie, nous savons que ce qui nous rapproche est infiniment plus important que ce qui nous divise.

La cohésion de l'empire dépendra de notre capacité à accepter l'autre, ses différences. Tel est le sens du mot tolérance, dont la racine latine désigne la vertu qui consiste à accepter ce que l'on désapprouve. Selon le philosophe John Locke, la tolérance signifie aussi « cesser de combattre ce qu'on ne peut changer ». N'est-ce pas là un premier pas vers une civilisation plus évoluée ?

# Chapitre 8

# L'imperium

C'est dans l'ordre des choses : dans les vingt prochaines années, ta génération prendra les rênes du pouvoir dans toutes les sphères de la société, au premier rang desquelles la sphère économique et la sphère politique. Tu rêves d'une révolution pour accélérer ce changement ? Je te soutiens dans ta démarche. Mais je veux te mettre en garde : une révolution ne saurait se résumer à bouter hors du jeu les décideurs d'aujourd'hui, ceux qui appartiennent aux générations qui t'ont précédé. Et y compris celle du baby-boom, qui a vécu largement au-dessus de ses moyens et qui a durablement plombé nos économies. Peut-être cela va-t-il te contrarier, mais une simple joute générationnelle (que les psychanalystes pourraient interpréter comme une envie de « tuer le père ») ne justifie pas une révolution. Tu ne dois donc pas chercher à prendre le pouvoir pour prendre le pouvoir, dans le but de l'exercer de la même façon que tes aînés. Tu regrettes l'attitude de ces « vieux cons ». En agissant ainsi, tu te comporterais comme un « jeune con ».

Du reste, une révolution s'accompagne toujours d'un changement de philosophie politique. Le projet européen que tu accompagneras portera par nature en lui les germes de cette mutation politique. Mais au-delà de l'évolution institutionnelle qui en découle, ta relation au concept de pouvoir va également profondément évoluer. Tout l'enjeu qui se présente à toi, et il est passionnant, est de réinventer la notion de pouvoir, de lui donner une nouvelle profondeur et une nouvelle légitimité.

Une civilisation moderne, c'est ainsi une civilisation qui entretient un rapport très sain avec l'idée de pouvoir. Le pouvoir ne doit pas asservir. Il ne doit pas aveugler. Il ne doit pas leurrer. Le pouvoir que tu devras inventer, c'est un pouvoir sobre et modeste dans sa forme, mais un pouvoir profondément ambitieux et clairvoyant dans ses objectifs. Ce nouveau rapport au pouvoir, chacun l'expérimentera dans ce qu'il entreprendra ; en particulier toi qui présideras l'empire et à qui j'attribue symboliquement le titre d'« empereur ».

### De l'ombre à la lumière

Sans doute t'est-il déjà arrivé de croiser, notamment à Paris, des voitures officielles. Il ne t'a évidemment pas échappé que les vitres de ces véhicules étaient systématiquement teintées. Pourquoi donc ? Parce que de tout temps, ce qui caractérise le mieux le pouvoir, quelle qu'en soit sa forme, c'est le fait d'avoir la capacité de voir sans être vu.

Connais-tu le Panoptique de Bentham ? Ce modèle d'architecture carcérale a inspiré la construction de

toutes les maisons pénitentiaires modernes. Le surveillant est positionné dans une tour centrale, autour de
laquelle sont disposées les cellules. L'originalité de cette
structure réside en ceci que les prisonniers ne peuvent à
aucun moment apercevoir le surveillant. Ils se sentent
donc constamment observés, même lorsque ce n'est pas
le cas, c'est-à-dire la plupart du temps. Par conséquent
le surveillant n'a plus besoin d'être à son poste en permanence, et un seul surveillant suffit à contrôler le
comportement de l'ensemble des prisonniers.

Le philosophe Michel Foucault a démontré que le
modèle du Panoptique de Bentham pouvait également
s'appliquer à l'école, à la caserne, à l'usine, bref,
à tous les environnements dans lesquels le pouvoir
existe. Aujourd'hui encore, tu observeras qu'il est présent dans toute hiérarchie. Ta relation avec les représentants de l'État (la police, la justice, les impôts, la
sécurité sociale…) est régie par la même règle : tu ne
dépasses pas la limitation de vitesse sur la route car tu
sais que l'on pourrait te verbaliser ; tu ne fraudes pas
avec les impôts car tu redoutes un éventuel redressement fiscal ; tu ne prends pas le risque de tricher lors
d'un examen ou d'un concours, car tu sais que le surveillant pourrait te prendre en flagrant délit. À tout
moment, tu te sais exposé et potentiellement observé,
un peu comme si tu étais toi-même dans ce fameux
Panoptique de Bentham : le fonctionnaire des impôts
connaît tout de ta situation personnelle, alors que tu
ignores tout de la sienne. L'agent de la sécurité sociale
connaît tout de ta santé, alors que tu ne connais rien

de la sienne… Et que dire du pouvoir exécutif suprême, celui exercé par le chef de l'État ou le chef du gouvernement, deux personnes qui peuvent potentiellement accéder aux données les plus confidentielles par le truchement des réseaux de renseignement sur lesquels ils ont autorité ?

Parce qu'il consiste à voir sans être vu, le pouvoir porte donc en lui quelque chose de mythique. Dans ses *Pensées*, Pascal lui-même réalisait à quel point les attributs du pouvoir contribuent à mythifier nos gouvernants, au point, parfois, d'en oublier qu'ils sont de simples mortels : « Ils se sont accompagnés de gardes, de hallebardes. Ces troupes armées qui n'ont de mains et de force que pour eux, les trompettes et les tambours qui marchent au-devant et ces légions qui les environnent font trembler les plus fermes. Ils n'ont pas l'habit seulement, ils ont la force. Il faudrait avoir une raison bien épurée pour regarder comme un autre homme le Grand Seigneur environné, dans son superbe Sérail, de quarante mille janissaires. »

Plus encore, parce qu'il a développé une telle mythologie autour de lui, le pouvoir fait l'objet de toutes les projections fantasmagoriques. De là émanent les théories dites « du complot ». Ainsi, au fil du temps, le pouvoir politique aurait été successivement manipulé par les francs-maçons, les Illuminatis, les juifs, les éminences grises, des intelligences extraterrestres. Récemment encore, ne disait-on pas que c'était la finance qui gouvernait le monde et que les dirigeants politiques étaient à la merci des grands argentiers du monde ?

Très souvent, ceux qui aspirent au pouvoir le recherchent pour les raisons que je viens d'évoquer : pouvoir passer de l'autre côté du miroir, du côté de ceux qui voient sans être vus, de ceux qui ont accès à l'information et au savoir.

De mon point de vue, ce rapport au pouvoir est archaïque ou sur le point de le devenir. Et cela tient en un mot : la « transparence ».

Il n'y a pas si longtemps, les gouvernants choisissaient de s'exposer lorsqu'ils le décidaient. Il s'agissait d'un acte avant tout politique dont le but était de satisfaire une opinion publique qui voulait en savoir plus sur ceux qui gouvernent. Mais désormais, tout a changé. Cette transparence leur est imposée.

Dans un monde interconnecté où chacun d'entre nous est une source d'information potentielle, la règle du secret est de plus en plus difficile à tenir. Les moindres faits et gestes de nos gouvernants sont scrutés. Le moindre égarement est immédiatement médiatisé. Tu peux certes regretter cette dictature de la transparence, mais cela n'y changera rien. Ce mouvement est inéluctable et nul ne pourra l'interrompre. Alors toi, qui conduiras la destinée de cet empire, sache que ton comportement devra être exemplaire. Aucun faux pas ne te sera autorisé. Plus aucune réunion, plus aucun déjeuner ne sera privé. Considère que tous les propos que tu tiendras seront par définition publics, où que tu les prononces. Plus que quiconque, tu devras marcher vers l'excellence. Cette transparence s'appliquera également à la politique que tu conduiras. La raison d'État est morte. Chaque décision, y compris la plus confidentielle, pourra un jour éclater au grand jour. Pense à des initiatives telles que Wikileaks, qui depuis plusieurs années dévoile les notes diplomatiques les plus confidentielles de tous les pays du monde. Il te faudra composer avec ces nouveaux contre-pouvoirs.

Le pouvoir politique est donc sur le point de basculer de l'ombre à la lumière. Ce renversement est le prolongement naturel de la démocratie. En effet, si c'est le peuple qui décide souverainement de ce qui lui est utile, alors il appartient au gouvernant de s'y plier et de l'exécuter. De fait, toi, futur empereur, future impératrice d'Europe du Sud, tu seras notre serviteur. Tu seras dans la lumière, et nous serons dans l'ombre.

Puisque nous parlons de la manière d'exercer le pouvoir, je souhaiterais te mettre en garde contre un écueil dans lequel tu pourrais facilement tomber : le populisme. Très logiquement, certaines voix t'attaqueront sur des détails concernant les moyens mis à la disposition. Rien de nouveau là-dedans, le débat sur « le train de vie de l'État » existe depuis plusieurs siècles. Au début du mandat de Nicolas Sarkozy à la présidence de la République française, celui-ci crut bon d'effectuer ses déplacements personnels en vols réguliers. Son service de presse publiait même des communiqués à ce sujet. Cependant, derrière l'avion de ligne suivait, à vide, un jet présidentiel, qui devait garantir au président de pouvoir regagner à tout moment son bureau si les circonstances l'exigeaient. Ne vois-tu pas là une dérive absurde ? Voyager dans un vol régulier uniquement pour satisfaire la presse et l'opinion publique ? Les Européens accepteront que tu te déplaces dans un avion spécialement aménagé, que tu doives à tout moment être en situation de prise de décision. Ils en seront même fiers. Ils accepteront aussi que ta sécurité et celle de ta famille soient prises en charge. Mais, de grâce, ne cultive pas l'hypocrisie et les non-dits. Cela contribue au manque de confiance du peuple envers ses gouvernants.

## Connecté à ses semblables

Toi, futur empereur, future impératrice d'Europe du Sud, tu sais bien qu'il va falloir que tu inventes une nouvelle façon de gouverner, plus en phase avec le monde d'aujourd'hui. Cette nouvelle gouvernance passera avant tout par la nature du lien que tu entretiendras avec ton peuple.

Autrefois, un pouvoir autoritaire pouvait aisément contrôler les médias traditionnels. C'était encore le cas en France il y a une vingtaine d'années, lorsque les principales chaînes de télévision et de radio appartenaient à l'État. C'est encore le cas dans de nombreux pays. Ce n'est d'ailleurs pas un hasard si dans tous les soulèvements ou coups d'État que le monde a connus au XX$^e$ siècle, l'une des cibles prioritaires des assaillants était systématiquement la prise de contrôle de la radio et de la télévision nationale.

Mais tu sais bien à quel point Internet et en particulier les réseaux sociaux sont venus bouleverser la donne.

Désormais, plus personne au monde n'est propriétaire d'une information. L'information n'est plus canalisée. Elle est diffuse, contradictoire parfois. Elle appartient à tous et se partage en temps réel sur le réseau. Chaque personne est aujourd'hui un média à part entière. Ce nouveau média unipersonnel a certes une portée plus faible qu'un média traditionnel, mais interconnecté avec tous les autres médias unipersonnels, sa puissance en devient démultipliée, voire exponentielle.

Tu ne chercheras donc pas à contrôler l'information. Tu pourras en revanche t'interroger sur ce que pourront t'apporter la mise en réseau, l'interconnexion directe avec ton peuple.

Cette interconnexion pourra se révéler très puissante. Non pas parce que tu auras la possibilité de répondre individuellement à telle ou telle requête. Cela serait absurde, et tu disposeras de conseillers pour t'accompagner dans cette tâche. En revanche, tu auras là une opportunité inédite d'être au cœur des mouvements d'opinion, de capter les tendances, les signaux collectifs qui sont souvent la manifestation d'un peuple triste ou d'un peuple joyeux. Et cela, aucun homme politique n'a jamais pu y accéder. Les visites symboliques dans les marchés ou les meetings politiques étaient, et sont encore, des occasions d'échanges sympathiques et bon enfant, le plus souvent avec des militants de ton parti. En revanche, le réseau sera sans doute l'espace dans lequel tu pourras le mieux identifier l'intérêt collectif, ce qui te permettra, ensuite, de fixer le cap.

C'est ainsi que tu pourras comprendre la complexité
de notre monde, que tu parviendras à ressentir
l'Europe, à faire corps avec elle. Les réseaux établiront
un lien précieux avec tes semblables. Tu auras une
opportunité inédite d'être en relation avec ton peuple.
Cela vaut, tu en conviendras, toutes les visites de marchés du monde.

Je regrettais plus haut que le monde moderne n'eût
pas la chance de compter dans ses rangs des Voltaire,
Rousseau ou Montesquieu. Je regrettais que le micro-
cosme intellectuel actuel ne fût pas en mesure de produire de grandes idées pour l'humanité. Voici un
début d'explication : dans un environnement de plus
en plus désordonné et incertain, il devient également
de plus en plus hasardeux d'établir une synthèse de la
volonté d'une opinion publique protéiforme et mou-
vante. Rousseau ou Voltaire seraient probablement
perdus aujourd'hui. C'est la raison pour laquelle de
nos jours l'approche intellectuelle traditionnelle est
périmée. Ce n'est qu'en étant parfaitement interconnecté avec tes semblables que tu pourras établir la synthèse de la volonté collective, ressentir le monde et
œuvrer au bien commun. En ce sens, tu seras un
empereur « philosophe ».

## Un « coach »

Tu sais bien à quel point nous vivons dans un monde
de plus en plus complexe. Plus aucun homme politique, aussi brillant soit-il, n'est en mesure de tout con-

trôler, d'avoir une vision parfaite ou objective dans chaque domaine. Le politique ne sera ainsi jamais meilleur guerrier que le militaire, meilleur négociateur que le diplomate, meilleur bâtisseur que l'architecte, meilleur argentier que l'économiste, meilleur entrepreneur que le chef d'entreprise. Seulement, un monde où le militaire, le diplomate, l'architecte, l'économiste et le chef d'entreprise pourraient agir à leur guise n'est pas concevable. Cela relèverait sans doute rapidement de la loi de la jungle ! Le propre du pouvoir politique n'est donc pas tant d'être capable d'agir par lui-même, mais d'être en mesure de savoir quand et comment faire agir les uns et les autres. Le propre du pouvoir politique, c'est donc de savoir reconnaître les pouvoirs des autres et d'identifier le moment opportun pour les mettre en action.

Cela renforce l'idée selon laquelle tu seras un serviteur. Le vrai pouvoir de changement ne sera pas entre tes mains. Il sera entre les mains de tous les citoyens de l'empire. Chacun, à la place qui sera la sienne, tâchera d'apporter sa pièce à l'édifice commun. Ton rôle sera donc un rôle de médiation et de mise en action de l'ensemble des capacités individuelles. Tu auras à mettre en musique cette grande partition collective. En ce sens, tu seras également un « empereur coach ».

Toi, futur empereur, future impératrice d'Europe, tu ne seras pas une émanation du sérail politique traditionnel. Tu ne seras pas non plus un intellectuel, au sens traditionnel du terme. Tu seras un penseur pragmatique. Tu auras l'âme d'un entrepreneur et seras passionné par la création sous toutes ses formes. Polyglotte, tu parleras le français, l'arabe et bien sûr l'anglais. Il te sera aussi nécessaire de maîtriser l'allemand : n'oublie pas que l'une des clés du nouveau modèle géopolitique que je te propose consiste à faire coexister très étroitement un empire d'Europe du Sud, conduit par la France, et un empire d'Europe du Nord, conduit par l'Allemagne. Tu te sentiras européen au plus profond de toi, quel que soit ton pays au sein de l'empire. Forcément, tu seras le représentant de la jeunesse. Cela ne signifie pas que tu auras nécessairement moins de trente ans. Être jeune, c'est avant tout un état d'esprit. C'est la naïveté positive qui consiste à se fixer un objectif et à ne rien lâcher pour le réaliser. Être jeune, c'est être capable de se remettre en question en permanence. Être jeune, c'est créer. Bien des jeunes entrés en politique précocement font d'ailleurs rapidement figure de « vieux ». Ils ont sacrifié leur jeunesse en se faisant happer par les conservatismes d'un système qui ne laisse aucune place à l'audace et à la créativité. À l'inverse, certaines personnes très âgées incarnent remarquablement cette jeunesse. Je pense notamment à Stéphane Hessel, 92 ans, lorsqu'il a écrit et publié *Indignez-vous !*, vendu à plusieurs millions d'exemplaires partout dans le monde.

### Agir avec grandeur

Le pouvoir, c'est la capacité à produire un changement. Mais quelle est la différence entre un changement anecdotique et un changement profond ? Entre un homme politique et un homme d'État ? Entre faire les choses et agir avec grandeur ? La différence, tu la trouveras dans le rapport au temps. Agir avec grandeur, c'est être capable de produire un changement, certes, mais un changement durable, un changement que l'histoire ne viendra pas diluer ou altérer. En ce sens, Napoléon ou de Gaulle étaient des grands hommes. Sans l'un la France serait peut-être encore une monarchie. Sans l'autre elle serait peut-être encore occupée par l'Allemagne.

Inéluctablement, et maintenant bien plus que par le passé, les événements et les décisions sont altérés par le temps qui passe. Prends l'exemple de la mort de Marat, cet ami de la Révolution assassiné dans sa baignoire en 1793 par une femme dénommée Charlotte Corday. Assurément, lorsqu'elle se produisit, cette mort eut un impact, un impact qui probablement se fit sentir dans les dix années qui suivirent. Mais aujourd'hui, quelle est l'incidence de la mort de Marat sur notre histoire ? Presque aucune, à vrai dire. Aujourd'hui, tout se passe comme si Charlotte Corday n'avait jamais assassiné Marat. Plus encore, tout se passe comme si Marat n'avait jamais existé.

Dans un monde d'accélération et de vitesse, la question du rapport que tu entretiendras avec le temps se révélera clé. Car si tu cèdes aux sirènes de l'action, tu ne pourras jamais prendre le temps de la réflexion. En 1807, Napoléon écrivait en ces termes au roi de Naples : « Le temps est le grand art de l'homme ; [...] ce qui ne doit être fait qu'en 1810 ne peut être fait en 1807 ! La fibre gauloise ne se plie pas au grand calcul du temps. » François Mitterrand lui-même soutenait l'idée que l'une des principales qualités requise pour être président de la République était de savoir… s'ennuyer.

Or il se trouve que nous vivons dans un monde tourmenté dans lequel les événements s'accélèrent. La démocratie n'a-t-elle pas alors vocation à être un rempart, un garde-fou contre cette accélération ? Ne devrait-on pas attendre d'un politique qu'il ait toujours la sagesse de ne pas céder à la dictature de la vitesse ? C'est la raison pour laquelle ton mandat ne devra pas être de cinq ans, comme c'est le cas en France. Il sera encore moins de deux ans et demi, comme c'est le cas pour le président fantôme de l'Union européenne, en place depuis le traité de Lisbonne en 2007. Je serais au contraire enclin à proposer une durée de mandat bien plus longue, neuf ans par exemple, quitte à ce que ce mandat ne soit pas renouvelable. Cela te permettra de t'inscrire résolument dans la durée, sans la pression que fait nécessairement peser la perspective de l'élection suivante.

Une telle idée aura du mal à être portée par le personnel politique en place actuellement. En effet, chacun « attend son tour ». Dès le lendemain de l'élection présidentielle française de 2007, on entendait déjà certains se positionner pour 2017, 2022, 2027 parfois ! Un mandat exécutif de neuf ans sonnera la fin de la récréation et fermera durablement le bal des prétendants. Il te permettra de te donner le temps de concrétiser des idées nouvelles. Et peut-être, qui sait, d'agir avec grandeur.

# Chapitre 9

# Le monde

J'ai déjà fait référence au proverbe populaire « l'union fait la force » pour justifier la nécessité de bâtir une Europe du Sud fédérale, forte et conquérante. Je voudrais cependant te mettre en garde : la force et l'esprit de conquête que tu développeras ne devront à aucun moment te servir à t'opposer aux autres grands ensembles géopolitiques du monde, comme le laisse sous-entendre l'idéologie dominante aujourd'hui. En effet, qui n'a pas entendu dire que le projet d'Union européenne était la seule alternative pour faire face aux nouveaux géants économiques du monde ? Ne te laisse pas intoxiquer par ce type de réflexion. Si l'Europe du Sud a vocation à se rassembler, ce n'est pas pour se positionner comme une force de résistance à l'Empire américain, à l'Empire chinois ou à l'Empire indien. Tu reproduirais là les erreurs de tes aînés. Nous avons vu, dans le passé, à quel point des rivalités entre des ensembles bien plus petits et moins puissants (la France et l'Allemagne par exemple, ou encore la France et le Royaume-Uni) pouvaient conduire à la guerre et à la barbarie. Imagine alors à quoi pourrait ressembler une opposition entre des mastodontes économiques disposant du feu nucléaire. Au mieux, cela déboucherait sur une nouvelle guerre froide. Au pire, cela conduirait à la neutralisation réciproque, c'est-à-dire à l'extermination de notre planète.

Une civilisation évoluée, c'est une civilisation qui sait déployer sa force et son énergie au service de la création, de l'innovation, du progrès et non pas de l'opposition. La guerre et la colonisation sont des conquêtes d'un autre temps. Les enjeux d'aujourd'hui sont d'une autre nature. Ils sont écologiques, économiques, technologiques, alimentaires. Tu comprendras donc que nous ne pourrons les appréhender que de manière planétaire : nous sommes trop dépendants les uns des autres.

Une civilisation mature, c'est aussi une civilisation qui sait se défendre et assurer sa propre survie. Là aussi, nous sommes condamnés à tous nous entendre, tant les menaces que nous devrons affronter ces prochaines décennies seront planétaires.

### Les menaces planétaires

Nous sommes le 21 septembre 1987, en pleine guerre froide. Le président américain Ronald Reagan prononce, comme chaque année, son traditionnel discours devant l'Assemblée générale des Nations unies réunie à New York. Cet instant est solennel. C'est la seule rencontre diplomatique de l'année où les représentants de tous les pays du monde se côtoient, en faisant abstraction de ce qui les oppose.

À la tribune, le président américain dit ces mots : « Dans notre obsession des antagonismes du moment, nous oublions souvent tout ce qui unit les membres de l'humanité : peut-être avons-nous besoin d'une menace extérieure, universelle, pour nous faire prendre conscience de ce lien commun. Il m'arrive de penser combien nos différences, partout dans le monde, s'évanouiraient rapidement si nous étions confrontés à une menace venant d'un autre monde. Et pourtant, je vous demande : une force extraterrestre n'est-elle pas déjà parmi nous ? »

Cette allocution de Ronald Reagan ne fit pas date. L'histoire ne l'a pas retenue. Pourtant, le président américain voyait juste. La menace, un jour, serait planétaire. La solution ne pourrait alors être que planétaire.

Sans doute te demandes-tu de quelles menaces il pourrait s'agir ? Il y a peu de chances que le scénario évoqué par le président américain – celui d'une invasion extraterrestre – puisse se produire. Cela tient au « paradoxe de Fermi », du nom d'un physicien italien du XX$^e$ siècle. La Terre, faisait-il remarquer, est très jeune (quatre milliards d'années) et l'homme n'a lui-même inventé la technologie que récemment. Or il se trouve que l'univers existe depuis bien plus longtemps, à savoir quinze milliards d'années. Si une civilisation technologique autre que la nôtre devait exister, il y aurait une forte probabilité pour qu'elle ait, au minimum, plusieurs millions d'années d'avance sur nous. Elle devrait donc avoir développé depuis bien longtemps les technologies lui permettant de coloniser la galaxie. Aussi aurait-elle déjà dû nous avoir visités. En d'autres termes, si une menace extraterrestre devait exister, nous le saurions certainement déjà.

Même si la probabilité d'être menacés par une intelligence extraterrestre est limitée, il est en revanche très probable que, parmi les milliards d'étoiles que compte notre univers, certaines puissent abriter une forme de vie microscopique, voire animale. Et pas nécessairement aux confins de l'univers : en août 2011, la NASA annonçait avoir identifié des traces d'eau liquide à la surface de la planète Mars. Or il se trouve que, dans l'état de nos connaissances actuelles, la présence d'eau rend plausible le développement d'une vie moléculaire. Toujours dans notre système solaire, certaines lunes de Saturne (telles Titan ou Europe) pourraient également abriter une forme de vie primitive. Bref, tu le vois, il n'est pas impossible que la vie soit prolifique dans l'univers ! Plus étonnant encore, la NASA présentait récemment les conclusions d'une étude dans laquelle elle affirmait avoir identifié des traces d'ADN sur des fragments de météorites venues de l'espace. Te rends-tu compte ? Il est possible que l'ADN de l'être humain ne soit pas d'origine terrestre !

Alors je te le demande : n'as-tu pas là une fabuleuse conquête à mener ? Imagines-tu les conséquences, tant intellectuelles que technologiques, qu'impliquerait la découverte d'une vie, fût-elle microscopique, en dehors de notre planète ? À elle seule, cette conquête pourrait apporter un élément de réponse aux trois questions fondamentales que l'homme s'est toujours posées : Qui sommes-nous ? D'où venons-nous ? Où allons-nous ? C'est la raison pour laquelle une telle conquête ne pourra être portée que par une humanité réunie.

Si la possibilité d'une vie biologique en dehors de
notre planète ne représente pas une menace, d'autres
dangers peuvent en revanche venir du ciel. Je pense
notamment aux météorites qui croisent l'orbite de la
Terre (appelés les « géocroiseurs ») et qui, un jour,
pourraient bien venir s'abattre sur notre planète. Cela
se produira. Dans un an ? Dans cent mille ans ? Nul
ne le sait. Mais la responsabilité consiste à nous y préparer, et vite, car notre connaissance du ciel est loin
d'être suffisante pour anticiper une telle menace. Sais-
tu, par exemple, qu'à un instant donné, nos télescopes
et nos satellites, aussi puissant soient-ils, ne sont en
mesure d'observer que la moitié du ciel ? Cela tient à
une raison très simple : la luminosité du Soleil est telle
qu'elle nous interdit d'observer la moitié de l'espace.
Aussi, si une météorite de type « géocroiseur » devait
se présenter dans le ciel en provenance de la zone
située à l'arrière du Soleil, nous ne l'identifierions que
quelques jours avant un potentiel impact. N'est-ce pas
là une vraie menace de nature à unir l'humanité, au
sens où l'entendait Ronald Reagan dans son discours
aux Nations unies ?

La menace, au demeurant, peut ne pas venir de
l'espace. J'attire notamment ton attention sur les virus,
ces agents malicieux et fortement adaptables qui peuvent s'introduire dans le programme ADN d'un individu pour venir le corrompre. Il existe une probabilité
pour qu'un virus hautement pathogène et résistant
puisse un jour se propager sur l'ensemble des populations du globe. Là encore, la solution serait forcément
planétaire.

Impossible, enfin, d'évoquer les menaces planétaires sans parler de l'environnement. Un accident dans une centrale pétrolière ou la fuite d'un puits d'hydrocarbures en mer ont logiquement un impact global. L'accident nucléaire de Fukushima en mars 2011 a montré à quel point nous n'étions pas à l'abri d'un cataclysme écologique majeur. Si celui-ci devait se produire, les solutions seraient donc forcément planétaires.

Mais qu'attendons-nous au juste pour nous unir et faire bloc, tous ensemble ? Que nous soyons au pied du mur, au bord du précipice ? Tu reconnais qu'un tel comportement serait irresponsable. Si nous voulons être en mesure d'anticiper et de contrer de telles menaces, l'humanité devra préalablement avoir été réunie. Il en va de sa survie. Tu comprends, alors, pourquoi les petites joutes frontalières sont dérisoires. Tu réalises à quel point les barrières douanières sont des absurdités. Tu prends conscience du caractère universel et indivisible de l'humanité.

## Les empires planétaires

Tu sais maintenant à quel point je considère l'émergence d'un empire d'Europe du Sud comme une grande opportunité révolutionnaire pour donner un nouveau souffle à notre modèle de civilisation. J'espère simplement que tu as bien saisi que je ne conçois pas ce nouveau grand ensemble comme une opposition aux autres empires, mais davantage comme une force homogène de nature à valoriser toutes les potentialités créatrices.

Le mouvement qui aboutira à la naissance d'empires régionaux puissants ne sera cependant pas propre à l'Europe du Sud. Les pays du nord et de l'est de l'Europe, conduits par l'Allemagne, se réuniront pour créer un empire d'Europe du Nord qui s'étendra à terme jusqu'à la Sibérie. La coexistence des deux empires d'Europe au sein d'une entité commune, dénommée « Union européenne », sera un facteur supplémentaire de paix et de progrès. La monnaie unique, l'euro, contraindra de fait ces deux empires à coordonner leurs politiques économiques et monétaires.

De façon parallèle, six autres empires devraient émerger. Certains sont déjà structurés. D'autres n'en sont même pas à leur phase embryonnaire.

L'empire d'Asie de l'Est, tout d'abord. Celui-ci aura vocation à intégrer toutes les puissances asiatiques, à commencer par la Chine, qui en assurera le leadership. Les deux Corée enterreront la hache de guerre. Quant au Japon, vieillissant et surendetté, il se résoudra à intégrer ce nouvel ensemble après avoir montré des réticences. À ce propos, la réconciliation entre la Chine et le Japon est d'ores et déjà à l'œuvre. Certes, le souvenir de la guerre sino-japonaise (entre 1937 et 1945) et les atrocités dont les chinois ont été victimes ont laissé des traces. Mais l'économie joue désormais un rôle de ciment inespéré. Les deux pays sont devenus économiquement interdépendants : la Chine est le premier partenaire commercial du Japon, et le Japon le premier fournisseur de la Chine. Autant dire que la convergence de leurs intérêts ainsi que le leadership naturel dont bénéficie la Chine rendent désormais crédible l'hypothèse d'une union politique à long terme.

Un autre pôle se constituera autour de l'Inde. Ce sera l'empire d'Asie de l'Ouest. Le conflit avec le Pakistan, qui date de 1948, devra cependant préalablement avoir été soldé. Indiens et Pakistanais revendiquent en effet chacun la souveraineté sur le territoire du Cachemire, stratégique pour l'approvisionnement en eau des deux pays. Leur statut de puissance nucléaire interdit toute guerre. Inde et Pakistan devront donc impérativement trouver une solution politique à cette crise. Ce grand empire d'Asie de l'Ouest intégrera également l'Indonésie, premier pays musulman du monde. Plus que les autres, cet ensemble devra se développer autour de principes laïcs.

Les pays de la Péninsule arabique se réuniront entre eux pour former un grand empire du Moyen-Orient. De leur propre initiative, les pays jouxtant la mer Méditerranée (Liban, Syrie, Israël et Palestine) n'en feront pas partie. Le leadership de cette zone pourrait être exercé par le Qatar, l'un des pays arabes les plus ouverts vers l'extérieur. Il va de soi que des pays tels que l'Iran, l'Irak ou l'Afghanistan ont encore à ce jour un chemin immense à parcourir pour pouvoir prétendre intégrer un tel groupe. La question religieuse sera centrale. Cet empire, bien que composé de peuples musulmans, devra tenir compte des rivalités ancestrales qui opposent les populations chiites (93 % en Iran, 62 % en Irak) et sunnites (l'essentiel de la population des autres pays de la péninsule). L'Empire arabique aura également à relever un enjeu industriel de très grande envergure : le pétrole – dont les réserves sont encore abondantes – ne sera plus utile dès lors que les énergies nouvelles auront été inventées et diffusées. Ces pays devront donc innover afin de se trouver une légitimité économique d'une autre nature (énergie photovoltaïque, tourisme, biotechnologies…).

Les pays africains se regrouperont dans un grand empire d'Afrique. Cet ensemble ne réunira que les pays d'Afrique noire, probablement autour de l'Afrique du Sud. Les pays du Maghreb et du Machrek seront quant à eux tournés vers la Méditerranée. Pour des raisons historiques, l'empire d'Europe du Sud et l'empire d'Afrique seront liés entre eux par un partenariat privilégié. Il appartiendra cependant à ces pays de prendre leur destin en main. Dans un discours mémorable prononcé en 2009 au Ghana, le président américain Barack Obama invitait déjà les peuples d'Afrique à passer à l'action : « L'avenir de l'Afrique appartient aux Africains eux-mêmes », appela-t-il avec raison. L'avènement de cet empire est conditionné par la nécessaire suppression des inégalités entre les hommes et les femmes. En effet, dans la majorité des pays d'Afrique, les femmes n'ont pas accès au crédit et à la propriété, ni même à l'éducation. Il est maintenant prouvé, notamment grâce aux expériences dans le domaine du microcrédit, que les femmes africaines sont souvent plus responsables que les hommes et développent une vision à long terme. C'est la raison pour laquelle la croissance économique et le développement démocratique de l'Afrique subsaharienne dépendront en grande partie de la femme africaine.

Les États-Unis et le Canada se réuniront quant à eux dans un empire d'Amérique du Nord. Ce pôle ne devrait pas éprouver de grandes difficultés à se constituer, tant ces deux acteurs sont aujourd'hui proches, aussi bien économiquement que culturellement.

Enfin, l'Amérique du Sud constituera le dernier grand pôle géopolitique mondial. Sous l'impulsion du Brésil (ou peut-être du Mexique), l'Amérique latine se réunira pour former l'empire d'Amérique du Sud.

L'Europe, qui est la région du monde où les pulsions révolutionnaires sont les plus aiguës, sera la première à franchir le cap. Dès que les Européens accepteront d'assumer une crise politique et institutionnelle, alors le dédoublement de l'Europe entre le Nord et le Sud s'imposera, rendant possible une union fédérale au sein de chacun de ces deux ensembles. Ce modèle d'union politique, réalisé dans la paix autour d'objectifs communs, servira ensuite de modèle aux autres empires du monde.

Quand tout cela pourra-t-il arriver ? En Europe, très vite, sous vingt ou trente ans. En Amérique et en Afrique, cela sera un peu plus long : quarante ou cinquante ans. Les deux empires d'Asie seront probablement les derniers à se structurer en tant que tels, car ils sont conditionnés par des antagonismes historiques (Inde et Pakistan, Japon et Chine). En tout état de

cause, il est probable que les huit grands empires planétaires seront une réalité vers les années 2070 ou 2080.

## Le gouvernement du monde

L'humanité sera ainsi fédérée autour de huit grands
empires, dont les capitales seront Paris, Berlin, Pékin,
New Dehli, Doha, Le Cap, Washington et Rio.

Quid de l'étape suivante ? De toute évidence, ces huit
empires planétaires auront vocation à se regrouper au
sein d'une entité commune de gouvernance mondiale.
Appelle cela « Gouvernement du monde », « Conseil
de sécurité », « Directoire » ou encore « G8 ». Peu
importe la terminologie.

Ce « G8 » ne sera pas un groupe de personnes assises
autour d'une table, régissant les affaires du monde.
Cette vision, tu en conviendras, est dépassée.

Je pars du postulat que tous ces empires seront avant
tout portés par leur jeunesse. Pour la première fois
dans l'histoire de l'humanité, il existe une jeunesse
mondiale unique, interconnectée, qui aspire aux
mêmes idéaux de partage, de découverte, d'échange,
de transparence, de paix et de création. Et cela est
définitivement incompatible avec tout complot planétaire qui imposerait sa loi.

J'ai expliqué précédemment pourquoi l'empereur
d'Europe du Sud serait avant tout le serviteur de ses
sujets, et non l'inverse. Le vrai pouvoir de changement est désormais entre les mains de chacune et de

chacun d'entre nous. Nous sommes tous les créateurs de nos propres vies. Internet nous donne pour cela un levier d'action exceptionnel. L'empereur sera désigné pour faire la synthèse de ces idées individuelles et pour valoriser les compétences de chacun. Ce qui est vrai pour l'empereur d'Europe du Sud le sera tout autant pour les autres empereurs.

En conséquence, ce gouvernement mondial sera avant tout la manifestation suprême de la volonté collective.

Ce « G8 », d'ailleurs, sera bien plus puissant que les Nations unies telles que nous les connaissons. Il disposera d'un mandat pour agir sur tous les grands projets planétaires. Il coordonnera les politiques de recherche et d'innovation, notamment en matière énergétique et biologique. Je tiens à ce propos à te rappeler que la question énergétique est l'une des plus importantes et fondamentales qui soit. L'enjeu est de parvenir à développer une énergie abondante, non polluante et à moindre coût. Dans un tout autre domaine, ce « G8 » sera aussi l'entité qui aura la responsabilité de conduire toutes les explorations spatiales dont j'ai parlé plus haut.

Pour être fort, ce « G8 » devra pouvoir compter sur un impôt planétaire, lui garantissant les ressources financières nécessaires à ses actions ambitieuses. De nombreuses pistes sont d'ores et déjà en phase d'expérimentation : taxes sur les transactions financières, sur les billets d'avion de première classe ou de classe affaire, sur le commerce des produits pétroliers… À terme, enfin, ce « G8 » devra même aboutir à la création d'une monnaie mondiale unique. Souviens-toi que l'union monétaire sera déjà effective entre l'empire d'Europe du Nord et l'empire d'Europe du Sud. Alors pourquoi ne pas y associer, progressivement, l'ensemble des empires ?

Une monnaie mondiale unique sera un gage de paix durable et garantira la concorde planétaire. L'arme monétaire sera ainsi définitivement abandonnée. C'en sera terminé des dévaluations compétitives. Le monde ne connaîtra plus aucune « bataille » de taux de change. L'inflation elle-même, dès lors qu'elle s'appliquera à la fois aux prix et aux salaires, n'aura plus aucune valeur. Cela n'empêchera évidemment pas que chaque empire, que chaque État, que chaque région même, soit en compétition avec son voisin. Mais cette compétition ne reposera plus sur la monnaie. Dans ce nouveau capitalisme mondial, chacun défendra sa compétitivité par l'innovation et la créativité. N'est-ce pas la compétition la plus noble qui soit ?

## Les ennemis de l'intérieur

Il est enfin un autre sujet dont nous savons qu'il ne trouvera de solution que s'il est traité de manière planétaire : la finance.

Le principal problème de la finance réside dans l'horizon de temps dans lequel elle s'inscrit : le court terme. Connais-tu John Maynard Keynes ? Ce célèbre économiste a inspiré toutes les politiques économiques depuis la crise de 1929, et notamment les accords de Bretton Woods, qui ont scellé les bases de l'économie mondiale après la Seconde Guerre mondiale. Keynes avait une formule très forte (et cynique) pour justifier le court-termisme dans l'économie. Selon lui, l'homme agirait à court terme « parce qu'à long terme, nous serons tous morts » !

Tant que les transactions financières seront gérées par une poignée d'hommes en proie à des poussées de testostérone dans des salles de marché, la finance fera de toute évidence l'objet de tous les excès. Mais les traders et leur appât du gain ne sont pas les seuls responsables de la situation. C'est l'ensemble du système financier mondial qui est à revoir.

En particulier, les banques et les assurances sont largement sorties de leur rôle durant ces dernières décennies. En lieu et place de se concentrer sur leurs métiers d'origine, elles ont déployé une énergie colossale à créer et innover. Il faut bien leur reconnaître ce talent. Doit-on pour autant s'en réjouir ? Certes, la création doit être une obsession. À titre individuel, chacun d'entre nous doit être créateur de sa propre vie et apporter quelque chose de neuf au monde. Un État aussi doit se montrer créatif dans ses projets, sa fiscalité, sa manière de répartir les richesses. De toute évidence, une entreprise également se doit d'être créative, pour inventer de nouveaux produits, repenser son métier. Aussi, il est salutaire que l'obsession du constructeur automobile soit d'inventer le véhicule du futur, que celle du restaurateur soit d'enflammer les papilles gustatives de ses clients, etc. Mais doit-on attendre d'une banque qu'elle fasse preuve de créativité ? C'est là tout le problème : une banque (tout comme une compagnie d'assurances) n'est pas une entreprise comme les autres. Sa raison d'être est d'assurer la fluidité de l'économie. Quelle est la mission d'une banque ? Protéger les liquidités de ses clients et leur consentir des crédits pour investir. Quelle est la mission d'une compagnie d'assurance ? Mutualiser le risque de ses clients. Tu conviendras avec moi que leur vocation ne saurait aller plus loin ? Et pourtant. Comme toutes les entreprises, elles savent se montrer créatives. Pire, elles excellent dans l'art d'inventer de nouveaux produits. Et voilà comment l'on en arrive à des absurdités contre nature telles que les produits dérivés, ces ovnis financiers qui réussissent l'exploit de t'offrir un rendement même dans un contexte de baisse !

La difficulté, c'est que nul n'empêchera ces banques et compagnies d'assurances d'être de plus en plus créatives. Est-ce à dire que nous sommes dans une impasse ? Il y aurait une ultime solution : faire en sorte que les entreprises du secteur financier puissent échapper à toute logique d'entreprise, à toute nécessité de rendement immédiat.

Je suis un libéral et je suis pour la libre concurrence. Mais j'ai une certitude : seule une nationalisation des banques et des assurances pourra être de nature à interrompre leurs pulsions créatives. François Mitterrand l'avait bien compris, en 1982, lorsqu'il décida de nationaliser ce secteur qu'il considérait à juste titre comme stratégique. Heureusement, d'ailleurs, que les

États sont intervenus directement lors de la crise financière de 2009. Que serait-il advenu s'ils ne l'avaient pas
fait ? Peut-être le système économique mondial aurait-
il pu s'effondrer. Mais pour des raisons qui nous échap-
pent à tous, les États ne saisirent pas l'opportunité que
leur offrait alors ce nouveau rapport de force : au lieu
d'investir en capital dans ces sociétés (ce qui aurait
abouti à leurs nationalisations partielles ou totales), les
États préférèrent leur consentir des prêts substantiels.
Et, de façon aussi prévisible qu'arrogante, ces banques
n'eurent comme priorité une fois la croissance revenue
que de rembourser leurs dettes afin de retrouver leur
liberté d'action. Le court terme est toujours roi.

Je t'invite à méditer cette phrase, que l'on attribue à
Thomas Jefferson, troisième président des États-Unis :
« Je pense que les institutions bancaires sont plus dan-
gereuses pour nos libertés que des armées entières
prêtes au combat. Si le peuple américain permet un
jour que des banques privées contrôlent leur monnaie, les banques et toutes les institutions qui fleuri-
ront autour des banques priveront les gens de toute
possession, d'abord par l'inflation, ensuite par la réces-
sion, jusqu'au jour où leurs enfants se réveilleront,
sans maison et sans toit, sur la terre que leurs parents
ont conquise. » Cette phrase fut prononcée au début
du XIX$^e$ siècle. Elle aurait pu être prononcée hier.
Rien n'a fondamentalement changé.

Il est temps de redéfinir les règles en profondeur, et
cela passe par une reprise en main de ces institutions
financières par les États. Une opportunité inédite

s'offre à nous aujourd'hui. En France comme dans les autres pays européens, la capitalisation boursière des banques est au plus bas. Aussi, si un État tel que la France décidait demain de prendre le contrôle des trois principales banques du pays (BNP Paribas, Société Générale, Crédit Agricole), cela lui coûterait un peu plus de vingt-deux milliards d'euros, pour une prise de participation d'un tiers du capital.

Comment financer un tel investissement ? La France dispose d'un trésor de guerre : deux mille six cents tonnes d'or, enfouis à vingt-huit mètres sous terre rue de la Vrillière à Paris. Au cours actuel, cela équivaudrait à cent cinquante milliards d'euros. Je ne suis pas, par principe, favorable à la vente de ce que l'on appelle les « bijoux de famille ». Mais je m'interroge. La perspective d'une prise de contrôle des banques par l'État, donc d'une certaine façon par le peuple, ne justifierait-elle pas que nous sacrifiions quinze pour cent de la valeur de notre trésor de guerre ? D'autant que l'opération serait financièrement très avantageuse pour l'État : dans un tel contexte, le cours des banques devrait remonter rapidement à des niveaux correspondant à leurs fondamentaux économiques ; et il n'est pas impossible, par ailleurs, que l'or, qui enregistre une flambée de ses cours depuis quelques mois, connaisse un effondrement de sa bulle. L'État serait alors doublement gagnant. Et le peuple français réconcilié avec l'économie.

Le terme de « nationalisation » est d'ailleurs trop faible pour décrire mon idée. Je serais plutôt enclin à défendre une « empirisation », c'est-à-dire une prise de contrôle des banques et assurances par chaque empire. Aussi, pour environ cinquante milliards de dollars, l'empire d'Europe du Sud pourrait prendre le contrôle de l'ensemble des banques de son territoire. Mieux encore, dans un contexte d'union planétaire portée par une monnaie mondiale unique, les banques et assurances pourront être mutualisées par une union de l'ensemble des empires. Telle sera précisément la mission de notre nouveau « G8 » : assumer un rôle de service public de banque et d'assurance pour toute l'humanité. N'est-ce pas là une fabuleuse conquête à mener ?

Un jour viendra où les êtres humains circuleront librement partout sur la planète, où il sera possible d'entreprendre et de créer où que l'on soit. Un jour viendra où la finance sera au service de l'économie, et où l'économie sera au service de l'innovation et de la création. Ceci n'est pas une utopie. Ta génération, mondialisée et planétaire, pourra y parvenir.

Tout commence ici et maintenant.

# Chapitre 10

# La civilisation

L'Europe d'aujourd'hui est un continent vieillissant. Sa population âgée et conservatrice a pour seul objectif la préservation de ses intérêts immédiats. Quant aux jeunes de ta génération, ils ne disposent pas des moyens d'action pour accomplir leurs rêves. Cette Europe a renoncé à toute idée de conquête. Elle est malade, agonisante, décadente. Plus encore, tu le sens bien, c'est toute la civilisation occidentale qui est immobile.

Il est néanmoins possible de trouver un nouvel élan à notre civilisation. Encore faut-il identifier la clé du renouveau. Cette clé, elle se trouve sous tes yeux, toi jeune Français, toi jeune Espagnol, toi jeune Italien ou encore toi, jeune Tunisien. Plus qu'une clé, il pourrait même s'agir d'une potion magique, d'un élixir de jouvence : la Méditerranée.

## Fabriquer des civilisations

La mer Méditerranée porte en elle une dimension métaphysique. Berceau de notre civilisation, cette mer continentale est une singularité planétaire. Bénie des dieux par son climat, elle fait figure de lien géographique davantage que de barrière naturelle.

Tout ce que nous sommes aujourd'hui, nous le devons à la Méditerranée : notre science, notre philosophie, notre sensibilité artistique... Comme l'a écrit le sociologue Joseph Maila, « nous sommes tous dépositaires d'un héritage où l'alphabet fut phénicien, le concept grec, le droit romain, le monothéisme sémite, l'ingéniosité punique, la munificence byzantine, la science arabe, la puissance ottomane, la coexistence andalouse, la sensibilité italienne, l'aventure catalane, la liberté française et l'éternité égyptienne ».

La mer Méditerranée est aussi le berceau de toutes les religions monothéistes. Que tu sois de confession ou de culture catholique, musulmane ou juive, tes racines sont forcément méditerranéennes. L'origine orientale du christianisme, par exemple, n'est plus à prouver. Sais-tu que les courants de pensée qui ont contribué à l'avènement du christianisme ne venaient pas seulement de Judée mais aussi de Grèce, d'Égypte et de Perse ?

La Méditerranée, c'est donc le dénominateur commun, le ciment de tous les peuples qui ont fait l'histoire. Ces peuples disposent pourtant chacun de leurs propres rites, de leurs propres coutumes, de leur propre culture... Mais c'est précisément ce qui fait la force et la richesse de la Méditerranée : une région du monde où chacun se nourrit de l'influence culturelle de son voisin, un creuset de populations où la diversité devient source d'une immense richesse. Et puis, nous partageons une histoire commune. Toutes ces batailles qui sont des victoires pour les uns et des défaites pour les autres, tous ces personnages historiques qui sont des héros pour certains et des bourreaux pour d'autres…

Voilà pourquoi l'écrivain Paul Valéry était tant attaché à la Méditerranée, au point de la présenter comme une « machine à fabriquer des civilisations ». Sois-en convaincu : une civilisation, ce n'est pas un ensemble figé et inerte ; c'est au contraire le résultat d'un mélange, d'une mixité de cultures et d'usages.

Tu comprends donc maintenant pourquoi l'Europe a tant besoin de l'Orient, et réciproquement. Il te suffit d'observer l'histoire pour te rendre compte à quel point les influences orientales ont été une richesse pour l'Europe, et inversement. Dans une note au général de Gaulle écrite en 1943, la philosophe Simone Weil évoquait cette idée en ces termes : « Les seuls moment brillants du Moyen Âge ont été ceux où la culture orientale est venue de nouveau féconder l'Europe, par l'intermédiaire des Arabes et aussi par d'autres voies mystérieuses, puisqu'il y a eu des infiltrations de traditions persanes. La Renaissance aussi a été en partie favorisée par le stimulant des contacts avec Byzance. »

Pour être efficaces, ces influences réciproques doivent être spontanées et ne pas émaner de dirigeants mégalomanes. Ce n'est pas pour rien que les velléités de Jules César ou de Napoléon en Égypte, ou encore plus récemment les entreprises de colonisation des pays d'Europe en Afrique, n'ont pas pu aboutir à une symbiose culturelle durable entre l'Orient et l'Occident.

## Face à la mer

L'Europe s'est donc développée, enrichie économiquement et culturellement aussi longtemps qu'elle fut tournée vers la Méditerranée. La « Grande Europe », l'Europe que nous aimons tant, celle qui a façonné plus de deux mille ans d'histoire, c'était précisément l'Europe méditerranéenne. La donne changea subitement au XXᵉ siècle : l'Europe tourna le dos à la Méditerranée et regarda davantage vers l'ouest, notamment vers les États-Unis. Le rêve américain nous aveuglait, au point de nous faire renoncer aux richesses qui pouvaient venir d'Orient.

Ce renoncement à l'Orient eut deux conséquences. La première, c'est que les deux rives de la Méditerranée, jadis si complémentaires, entrèrent en opposition, allant jusqu'à alimenter aujourd'hui l'idée très répandue d'un « choc des civilisations ». La seconde conséquence, et la plus grave, c'est que cette américanisation de l'Europe entraîna l'uniformisation de ses cultures et de ses traditions. Jadis, lorsque l'Europe était tournée vers la Méditerranée, le brassage culturel était immense, créant ainsi les conditions d'une créativité et d'un développement culturel inédits. Mais aujourd'hui, peut-on raisonnablement penser que l'Italie et la France ou encore que la Grèce et l'Espagne s'influencent culturellement et réciproquement ?

En tournant le dos à la Méditerranée, l'Europe est devenue culturellement homogène. Le modèle de civilisation que nous pensons suivre est celui dicté par l'Empire américain. Cela pourrait être acceptable si la civilisation américaine était une réalité. Mais existe-t-elle réellement ? Je n'ai rien contre les États-Unis en tant que nation. Nous leur devons beaucoup, à commencer par notre liberté. Mais ce n'est pas être anti-américain que de reconnaître que du fait de leur histoire récente (moins de trois siècles), les États-Unis ne peuvent pas encore se prévaloir d'un patrimoine culturel et historique suffisamment riche pour se voir conférer un statut de civilisation.

Tu comprendras donc facilement pourquoi l'Europe est aujourd'hui dans une impasse. Nous suivons un modèle de civilisation – celui des États-Unis d'Amérique – qui n'en est pas un. Et nous avons abandonné l'idéal méditerranéen, le seul à pouvoir relancer une dynamique de civilisation en Europe. Voilà pourquoi l'Europe est aujourd'hui inerte, vidée de tout sens. Voilà pourquoi l'Europe a perdu son âme.

Dans sa note au général de Gaulle à laquelle j'ai fait référence plus haut, Simone Weil appelait déjà l'Europe à se réapproprier la Méditerranée : « Il semble que l'Europe ait périodiquement besoin de contacts réels avec l'Orient... La civilisation européenne est une combinaison de l'esprit d'Orient avec son contraire, combinaison dans laquelle l'esprit d'Orient doit entrer dans une proportion assez considérable. Cette proportion est loin d'être réalisée aujourd'hui. Nous avons besoin d'une injection d'esprit oriental. »

Nous sommes donc à un point d'orgue de notre histoire. Il t'appartiendra d'inventer et de définir ce que pourra être cette « injection d'esprit oriental » en Europe. Cette idée va déranger tant les conditions ne semblent pas réunies aujourd'hui. Les pays du nord de la Méditerranée subissent une poussée sans précédent du racisme et de l'antisémitisme. Quant aux pays du sud, ils connaissent un rejet croissant du modèle de civilisation occidental. Est-ce à dire que l'acceptation des différences, qui est indissociable de l'idée méditerranéenne, est désormais un idéal vain ? C'est sans compter sur la jeune génération. De façon étonnante, le darwinisme historique a fait en sorte que ta génération, plus que toutes les autres, porte en elle les valeurs nécessaires à cette idée d'Union de la Méditerranée. Tu es tolérant. Tu vois dans les différences une richesse plutôt qu'une menace. Tu es polyglotte et ouvert sur le monde. Tu partages les mêmes valeurs que toute la jeunesse du monde. Ce que tes parents et tes grands-parents n'ont pu réussir, tu as donc désormais les moyens de l'entreprendre.

Tel est le sens que je veux donner à l'idée d'empire d'Europe du Sud que je défends. Cette Europe du Sud, elle est aujourd'hui encore considérée comme « l'Europe du passif » parce que surendettée et sans projet. Elle est parfois même ressentie comme une pesanteur économique pour les pays du nord de l'Europe. Mais tu vas pouvoir maintenant tout changer. Tu vas assumer la part de Méditerranée qui est en toi. Ce faisant, tu auras la possibilité de regarder vers le futur tout en renouant avec ton passé millénaire. N'est-ce pas là une clé d'accomplissement dont peut rêver tout être humain ?

## Le chaos créatif

La Méditerranée, c'est le brassage, la mixité, la différence, la tolérance, l'influence réciproque… Pour que
l'idée d'empire d'Europe du Sud prenne corps, il
faudra donc considérer la diversité de ses populations
comme une force et non comme une difficulté à surmonter. Je veux te rappeler qu'une civilisation vivante
est une civilisation qui sait se nourrir des différences.
Lorsqu'une civilisation s'uniformise, elle disparaît.
C'est inéluctable. Une Europe du Sud qui s'articulerait
autour de la Méditerranée serait un vivier gigantesque
de créativité et d'innovation. Rien d'étonnant : qu'est-
ce que la créativité, si ce n'est pouvoir mettre en relation des idées qui n'avaient initialement pas vocation à
l'être ? Le désordre, que l'on peut aussi appeler entro-
pie ou chaos, est fondamental dans tout processus de
création. Or la Méditerranée est par nature désordon-
née et complexe. C'est ce qui la rend difficile à appréhender, mais c'est aussi ce qui enrichit ses peuples.

Aussi, pour que l'empire d'Europe du Sud puisse voir
foisonner les idées nouvelles, il devra s'appuyer sur des
peuples, et non pas sur des États. Il ne t'a pas échappé,
du reste, que les frontières des États étaient parfois très
artificielles. C'est notamment le cas en Afrique du
Nord, où les frontières rectilignes sont parmi les derniers stigmates de la présence coloniale. Mais même
dans les pays riches comme l'Espagne et l'Italie, la
question géographique se pose encore avec une très
grande acuité. C'est la raison pour laquelle il ne serait
pas illogique que le Pays basque et la Catalogne fassent

un jour sécession avec l'Espagne, pour constituer trois régions indépendantes du nouvel empire d'Europe du Sud. En Italie, le mouvement indépendantiste porté par le parti de la Ligue du Nord pourrait bien finir par aboutir, à moyen terme, à une séparation du Nord et du Sud de l'Italie. L'Italie se diviserait alors en deux grandes régions de l'empire : la Padanie (Italie du Nord) et l'Italie.

Cette idée de séparation pourrait te paraître contradictoire, mais elle est sans doute préalable à l'avènement du grand empire d'Europe du Sud. La dislocation de la Yougoslavie est un exemple intéressant qui atteste du caractère salutaire que peut revêtir une scission : en l'espèce, elle a permis de solder des différends culturels et religieux très anciens.

La science politique t'enseignera que rien ne sert de lutter contre le cours de l'histoire. C'est la raison pour laquelle tu ne résisteras pas aux forces de dislocation qui vont s'exercer dans les prochaines années en Europe. Les peuples avides d'indépendance l'obtiendront. Il en résultera de grandes régions portées par leurs peuples. Et ce sont ces grandes régions qui constitueront l'empire d'Europe du Sud.

Quid de la France ? Sera-t-elle également soumise à des tensions territoriales ? Notre pays est *a priori* préservé, son statut d'État-nation le protégeant de ce risque. La République française est une et indivisible. Il existe certes des mouvements indépendantistes en Bretagne et au Pays basque, mais ceux-ci demeurent marginaux. La Corse constitue néanmoins une exception.

Son insularité pourrait lui conférer un statut de région autonome dans le nouvel empire. Mis à part la Corse, la France continentale ne devrait connaître aucune scission. L'Hexagone sera donc l'une des régions de l'empire d'Europe du Sud. Par ailleurs, le fait que notre pays ne soit pas sujet aux forces de dislocation renforce l'idée selon laquelle la France devra exercer un rôle moteur dans la constitution de ce nouvel empire. Sa cohésion nationale ne sera à aucun moment mise à mal. Voilà donc un atout de taille qui place plus que jamais la France devant ses responsabilités.

## Le laboratoire planétaire

De tout temps, la Méditerranée a été une fabuleuse machine à fabriquer des mythes. Le mythe d'Europe en est un parmi d'autres. Un jour, Zeus, prince et dieu de l'Olympe, tomba amoureux d'Europe, jeune femme d'une beauté exceptionnelle. Pour pouvoir l'approcher, il prit la décision de se transformer en taureau blanc. La jeune femme, attendrie par l'animal, décida de le chevaucher. Le taureau se jeta alors subitement dans la mer, emportant Europe avec lui jusqu'en Crète. Zeus prit alors une apparence humaine et s'accoupla avec Europe. Ce mythe donna lieu à de multiples interprétations. L'une d'elles présente Zeus comme une manifestation de l'Empire américain, lequel se serait travesti en taureau pour leurrer la belle Europe afin de l'inciter à abandonner ses rêves et à le suivre. Une autre interprétation donnée pendant la Seconde Guerre mondiale présentait le taureau − entends toujours par là les États-Unis − comme un libérateur, l'escortant vers un futur radieux. Dans les deux cas, et de façon surprenante, l'Europe ne se définit pas en fonction de la Méditerranée mais des États-Unis d'Amérique.

L'Europe du Sud que je défends porte aussi en elle quelque chose de mythique : elle contient les germes d'un nouveau monde basé sur la paix, l'innovation, la création et l'échange. Elle servira de modèle aux autres grands empires qui se constitueront, à commencer par l'empire d'Europe du Nord. J'entrevois l'avènement de cette nouvelle organisation du monde pour la fin de ce siècle. Non par fantaisie, mais par obligation. En effet, si nous ne parvenons pas à définir un modèle géopolitique de coexistence à court terme, l'humanité sera condamnée à l'anéantissement.

Et c'est en cela que la Méditerranée continue de jouer un rôle clé dans l'histoire du monde. C'est en cela qu'elle contribue à fabriquer les mythes de demain. Si tant est qu'un modèle d'empire raisonné puisse exister un jour, il ne pourra s'imposer qu'autour de la Méditerranée, et nulle part ailleurs dans le monde. Seule la Méditerranée peut nous apporter aujourd'hui le ciment nécessaire pour unir des peuples aux coutumes et religions différentes ; seule la Méditerranée peut fédérer des peuples que l'histoire récente a opposés malgré eux mais qui partagent pourtant plus de deux mille ans d'histoire et de culture. Ce qui est en jeu en Méditerranée, ce n'est donc pas moins que l'avenir du monde. Car si l'expérience méditerranéenne aboutit à la création de cet empire d'Europe du Sud, alors elle pourra servir de modèle à tous les autres ensembles du monde qui voudraient se fédérer.

J'espère que tu as conscience de la chance historique qui se présente à toi. Tu as entre tes mains la possibilité de faire de la Méditerranée un fantastique laboratoire d'idées pour le monde. L'expérimentation que tu vas mener sera inédite. Elle nécessitera ton implication totale. Tu devras entraîner avec toi l'ensemble des peuples de la Méditerranée. Tu les aideras à s'approprier cette idée. Tu seras confronté à de très grandes oppositions, des menaces parfois. Les occasions d'abandonner seront innombrables. Mais tu ne lâcheras pas. Tu ne lâcheras pas, parce que tu sais que le monde entier t'attend. Ce que tu réussiras, les autres empires le reproduiront.

Si cette opportunité méditerranéenne devait ne pas être saisie, alors l'Europe continuerait de se développer en dépit de ses peuples. Quand bien même l'intégration européenne serait poursuivie, la dynamique de civilisation n'en serait pas pour autant relancée. L'Europe finirait par capituler devant un monde en mouvement et serait condamnée à une lente agonie. Les pays d'Afrique du Nord pourraient se replier sur eux-mêmes, au risque d'exalter les intégrismes religieux. Les pays du Moyen-Orient continueraient à s'opposer entre eux, en dépit de toutes les tentatives de paix.

Mais ce scénario du pire ne se produira pas. Il ne se produira pas grâce à toi, qui n'as pas encore trente ans.

Tu sais que ton heure est venue. Le bon moment pour agir est imminent.

Jusqu'au siècle dernier, un nombre incalculable de systèmes politiques ont été inventés. Tous ont déçu. Certains par le nombre effrayant de morts qu'ils ont généré (le nazisme, le communisme…). D'autres par l'inertie à laquelle ils ont pu aboutir. Et si l'empire d'Europe du Sud que tu inventeras incarnait ce renouveau politique ? Et si, pour la première fois dans l'histoire de l'humanité, la paix et l'esprit de conquête pouvaient être conciliés dans la même philosophie politique ?

D'où que tu viennes, tu regarderas désormais la Méditerranée en face. Tu sais qu'elle sera la matrice du prochain contrat social planétaire. Bientôt, grâce à elle, tu pourras abandonner l'ancien temps pour inventer un nouveau temps.

À toi, maintenant, d'écrire l'histoire des cent prochaines années.

# Remerciements

Je remercie Lauris Olivier et Vincent Huguet, avec qui j'ai parlé pendant plusieurs mois de tous ces sujets, et dont les remarques et suggestions m'ont été très précieuses.

Je remercie François-Xavier Burin d'avoir su me « challenger », tant sur le fond que sur la forme, tout au long de l'écriture de cet ouvrage.

Je remercie Marie Allavena et Claudine Dartyge pour avoir soutenu ce projet dès le début, ainsi que Florian Migairou pour ses conseils et sa disponibilité.

Je remercie enfin mes parents, qui sont depuis toujours mes premiers lecteurs, ainsi que mon épouse, pour sa patience et son soutien.

Il va de soi que je porte seul la responsabilité des propos tenus et des idées présentées dans cet ouvrage. Les lecteurs sont invités à m'écrire à rafik@smati.com.

# Pour poursuivre la discussion

Blog : http://www.lenouveautemps.fr

Twitter : twitter.com/rafiksmati

Facebook : facebook.com/rafiksmati

E-mail : rafik@smati.com

www.ingramcontent.com/pod-product-compliance
Lightning Source LLC
Chambersburg PA
CBHW072252270326
41930CB00010B/2357